HUOBIWENDING

LILUN MOXING YU SHIZHENGYANJIU

货币稳定：
理论模型与实证研究

孙　音◎著

人民出版社

序 言

随着我国金融管制的不断放松，资本控制也不再能够为资金流提供长效的保护，非外国投资的资金流以及过剩的流动性对银行部门与我国银行体系产生了极大影响，导致较高程度干预的有管理的浮动汇率制度下的典型内外平衡的冲突。在开放经济环境下，怎样解决好这种"内忧外患"，不但对实现货币稳定的政策目标存在重大意义，而且对中国经济的持续发展也有着重大影响。

在现今的国际货币体系以及世界经济环境下，货币稳定遭到前所未有的重创。货币稳定包括货币的对内稳定和对外稳定，货币对内稳定在经济中表现为物价稳定及通货膨胀的稳定性，货币对外稳定体现在汇率稳定。而经济中物价稳定与汇率稳定又会常常表现出矛盾的一面，稳定物价可能会造成汇率升值，而名义或实际汇率稳定了，物价却又可能剧烈上涨或下跌。近年来，我国积累了大量的经常账户盈余与净对外投资流入，中美利率差异导致大量热钱的涌入，导致我国外汇储备激增，使中国人民银行面临着管理基础货币不断膨胀的严峻挑战，经济中的通货膨胀压力不断显现，通货膨胀及其稳定性已经成为经济中关系国计民生的热点问题，亟待解决。从另一角度看，布雷顿森林体系崩溃后，日元、德国马克都出现迅速升值，但产生的经济结果却是迥然不同的，两种截然不同的汇率升值结果使我们必须重视汇率问题及其对经济造成的实际影响。因此，汇率的影响因素以及汇率升值频率、程度等问题成为学界关注的重要课题。

　　本书试图从货币对内稳定与对外稳定两个方面阐述货币稳定相关的理论与实证研究，较全面地揭示维护货币稳定应注意的问题及采取的政策方案。具体而言，除导言外，本书正文将分四章展开论述。第二章回顾货币稳定的理论基础，包括最优通货膨胀率的内涵与度量、汇率影响因素以及货币国际化的条件、影响及进程的理论基础及相关研究。第三章主要论述货币的对内稳定即物价水平及币值的稳定。第一章从两个方面入手研究维持通货膨胀的稳定性，即明晰的目标规则与可操作的工具规则。第四章研究货币的对外稳定即汇率稳定及其影响因素。第一章根据宏观经济理论和以往学者的研究选取影响一国汇率变化的基本经济因素，并结合统计和计量经济理论分析，剔除非影响我国汇率波动的变量，最终建立多元线性回归模型分析不同因素对于我国汇率变化的影响趋势及强度，为理解和分析在我国大的宏观背景下的汇率变化提供了理论依据。研究显示，与汇率的相关性排序为外汇储备、利差、外商直接投资和通胀差，贸易顺差导致的外汇储备激增是影响我国汇率变化的最主要因素。在此基础上，本章提出我国外汇储备管理以及针对其他因素管理的若干政策建议和解决方案。第五章阐述了货币对外稳定的制度安排，即国际货币体系重构问题，包括基于公共品纳什均衡供给分析国际货币体系的演进过程及其原因，几种主要货币国际化的进程及经验启示以及未来人民币国际化的改革方向及政策建议。

　　本书的特点体现在两个方面：在理论方面，第一，尝试对近期最优通胀率相关的研究成果进行整理和总结，并在此基础上结合新凯恩斯模型中正的稳态通货膨胀与名义零利率下限，运用损失函数推导出非零稳态通胀的效应，从而奠定福利分析的研究基础。我们发现，稳态通胀通过三种直接渠道来影响福利水平：稳态效应、效用函数中的相关系数的变化幅度以及模型的动态变化。量化最优通胀率对于政策制定者是至关重要的，可是新凯恩斯框架不能完全且适当地解决该问题，因为该框架依赖于零稳态通胀的假设，特别是在福利分析当中。这一部分的主要创新之处在于提出了福利分析正的稳态通胀的含义，它能够解决劳动力作为单一因素的新凯恩斯模型中具有微观基础的损失函数问题；第二，由于稳定的国际货币体系是国际金融领域的公共产品，具有宏观经济学中公共产品非竞争性和非排他性的特点，本书尝试从博弈理论中公共品纳什均衡供给的视角进行分析，揭示国际货币体系演进和变迁的根本原因及预测未来改革发展的方向。结果发现，收入平均和收入有差异的国家提供公共品的纳什均衡供给不同。在各国收入平均或经济实力相当的世界经济格局下，各国共同提供公共品，且责任和权利对等，国际货币体系是对称的体系；在各国收入水平差异较大或经济实力悬殊的世界经济格局下，高收入国或发达国家提供公共品，低收入国或发展中国家只是"搭便车"，责任和权利不对等，国际货币体系是非对称性的。因此，国家间经济实力的差异和均衡是国际货币体系不断变迁最根本的原因，这也是本书的一个创新之处。在实践方面，本书不仅利用汇率的制度性浮动指数公式来测度我国汇率制度的浮动程度，并将其与同期的美国、日本和东亚五国的浮动程度进行比较，并在此基础上，选取影响一国汇率变化的基本经济因素，结合统计和计量经济理论分析，剔除非影响我国汇率波动的变量，最终建立多元线性回归模型分析不同因素对于我国汇率变化的影响趋势及强度，为理解和分析在我国大的宏观背景下的汇率变化提供了理论依据。

本书的不足之处主要表现在以下几方面：第一，对于最优通货膨胀率的估计问题，仅仅总结并分析了近期国内外的研究成果，分析了模型及实证方法的科学性与不足，并未结合我国具体数据进行实证检验，这将是后续工作的研究重点；第二，汇率影响因素的实证研究应用的是简单的线性模型。从我国实际情况出发，汇率应该是受限因变量，对此本书中也并未设定浮动区间。在未来的研究中，要增加模型的复杂度使其更接近于中国经济的现实情况，并将使用LDV模型（Limited Dependent Variables）进行受限因变量的实证检验。

本书是在近三年来相关课题研究报告基础上修改整理而成的。这些课题包括：国家自然科学基金面上项目"最优利率规则：一般理论与应用"（项目编号：70473011）；国家自然科学基金面上项目"完全时间一致性标准、最优流动性过剩与中国稳健最优利率规则体系的构建"（项目编号：71873016）；教育部人文社会规划项目"经济转轨、通胀惯性与中国通货膨胀目标制"（项目编号：08JA790013）；教育部人文社科青年项目"中国货币政策的不确定性：基于带通胀惯性的LRE模型的分析与检验"（项目编号：09YJC790028）；教育部人文社科青年项目"基于Markov区制转移的中国通胀惯性特征及其货币政策应用"（项目编号：12YJC790169）；辽宁省教育厅人文社会科学一般项目"人民币汇率影响因素分析"（项目编号：2008183）。在研究和写作过程中，还得到了教育部、国家自然科学基金、辽宁省教育厅、中国人民银行沈阳分行等多家单位的协助和支持，东北财经大学金融学院的领导和同事也给予了关注和帮助，在此一并表示衷心的感谢。

最后，我还要感谢人民出版社和高晓璐编辑，他们严谨高效的工作作风、认真负责的敬业态度以及训练有素的专业水平为本书增色不少，在此深表谢意。

孙音

2012年9月24日于东北财经大学师学斋

目录 contents

第一章
导　言

第一节　研究的意义

在过去的十几年间，我国金融管制在不断放松，资本控制也不再能够为资金流提供长效的保护。银行机构改革促进中国经济从集中计划经济向市场经济的转型。相比之下，银行部门拥有更大的决策权，银行借贷的变化也成为刻画经济形势的重要指标。非外国投资的资金流以及过剩的流动性对银行部门与我国银行体系产生了极大影响，也导致较高程度干预的有管理的浮动汇率制度下的典型内外平衡的冲突。在开放经济环境下，怎样解决好这种"内忧外患"，不但对实现货币稳定的政策目标存在重大意义，而且对中国经济的持续发展有着重大影响。

在现今的国际货币体系以及世界经济环境下，货币稳定遭到前所未有的重创。货币稳定应该包括货币的对内稳定和对外稳定，货币对内稳定表现在经济中的物价稳定及通货膨胀的稳定性，货币对外稳定体现在汇率稳定。而经济中物价稳定与汇率稳定又会常常表现出矛盾的一面，稳定物价可能会造成汇率升值，而名义或实际汇率稳定了，物价却又可能剧烈上涨或下跌。苗文龙（2012）认为物价稳定是优先于汇率稳定的。首先，物价稳定是汇率稳定的基础和前提，如果本国存在严重的通货膨胀，汇率波动则成为必然趋势；其次， 汇率水平不仅取决于本国的经济情况，还取决于外国的经济状况和汇率政策。而且，两国策略均衡也显示，优先考虑本国利益的均衡不但经济增长率会高于外国，而且能够溢出部分通货膨胀风险。最后，汇率稳定与否还取决于国家的汇率制度，我国当前实行的汇率制度安排即使不能左右汇率变动的总体趋势，对于短期内汇率波动幅度仍然有相当有效的控制力。

近年来，我国积累了大量的经常账户盈余与净对外投资流入，尤其在2003、2004年，非外国直接投资的资金大量流入，甚至超过了经常账户盈余与净对外投资流入。大量热钱涌入是由于中美利率差异导致的，也和人民币升值的预期戚戚相关。经常账户盈余与净对外投资流入还主要是由经济中基本的影响因素决定的。我国大量的经常项目盈余与金融项目盈余导致国际储备变化，中国人民银行面临着管理基础货币不断膨胀的严峻挑战，流动性过剩已经使银行部门产生了通胀压力及过度信贷膨胀。本轮通货膨胀起始于2006年下半年，主要表现为粮油蛋等食品价格的飞涨， 这种经济过热和通货膨胀开始也是局部的、温和的，但后来逐渐转变为全局性的，在政府推出紧缩的货币政策后不久遭遇到世界经济危机， 导致2008年出现经济萧条，使得国内居民消费价格指数CPI在经历了连续9个月的负增长之后， 2009年11月以来CPI指数又重新呈现出上涨趋势， 进入2010年后通货膨胀压力不断显现，主要是由食品和居住类价格上涨带动的。通货膨胀及其稳定性已经成为经济中关系国计民生的热点问题，亟待解决。

　　众所周知，布雷顿森林体系崩溃后日元放弃钉住美元的固定汇率而迅速升值，日本政府实行扩张性货币政策不但没有压住升值之势反而导致了国内严重的通货膨胀和十多年经济萧条；德国政府将国内产出稳定、物价稳定放在首位，通过独立的货币政策、资本自由流动、货币升值，却迎来了经济持续发展。两种截然不同的汇率升值结果使我们必须重视汇率问题及其对经济造成的实际影响。汇率的影响因素以及汇率升值频率、程度等问题成为学界关注的重要课题。环顾当前的全球经济状况，美债危机、欧债危机都有进一步深化的可能，追求通胀的稳定性抑或汇率的稳定，必须改革或重构当前不公平的国际货币体系，应该以何种视角看待国际货币体系的演进？应该如何定位？这些都需要我们结合历史、借鉴经验并进行深入的思考。

第二节 本文的结构安排

除导言之外，本书剩余部分安排如下：

第二章回顾货币稳定的理论基础，包括最优通货膨胀率的内涵与度量、汇率影响因素以及货币国际化的条件、影响及进程的理论基础及相关研究。关于最优通胀率内涵与度量的研究，有两种代表性的观点，Friedman从货币政策角度以及Phelps从财政政策角度阐述了最优利率的观点。对最优通胀率的方法与模型主要有两种研究思路，一种是将通货膨胀选择与一般公共财政的税率选择结合起来讨论，另一种是从中央银行效用（或损失）的角度开展研究。汇率影响因素研究以时间为序，把相关理论研究分成三个阶段：第一阶段，20世纪50年代前，主流汇率决定理论是购买力平价与利率平价理论；第二阶段，20世纪50年代至90年代，代表性的主流汇率决定理论有Frankel和Mussa的货币模型（1976）、Kouri的资产组合模型（1976）和Dornbusch的黏性价格汇率模型等；第三阶段，20世纪90年代至今，汇率决定理论产生两个新的研究方向，一个研究方向是Obsfeld和Rogoff（1995）将跨时期分析方法和M-F-D模型结合提出新开放宏观汇率模型，另一个研究方向是借鉴证券投资领域的市场微观结构理论。但至今为止，汇率决定的研究仍然存在"四大谜团"，即"分离"谜团、过度波动谜团、购买力平价谜团和"肥尾"谜团，而用已经存在的理论及模型无法进行解释。本章还从货币国际化的含义、条件、测度、影响、成本收益、模式、进程及路径等诸多方面对其研究成果进行了整理和归纳。

第三章主要论述货币的对内稳定即物价水平及币值的稳定。本章从两个方面入手研究维持通货膨胀的稳定性，即明晰的目标规则与可操作的工具规则。首先，将中、美两国特定时期通货膨胀的历史特征进行比较，总结七八十年代美国治理通胀的经验与教训，并结合中国的具体情况，提出相应的政策建议。我们发现，通胀惯性、通胀预期、食品能源价格的冲击、宏观调控政策的时机和深度均是应对通货膨胀并取得预期效果的重要影响因素。中、美两国特定时期的共同特征主要体现在三个方面：第一，通货膨胀逐步加深，从结构型通货膨胀到全面的、严重的通货膨胀。不仅食品类价格上涨的拉动效应越来越显著，能源价格上涨的传导效应也越来越明显；第二，宏观调控政策中途出现转折致使通货膨胀压力跳跃延续。在一轮通货膨胀还未完全治理的情况下，由于宏观调控政策逆转致使这一轮通货膨胀压力跳跃延续，其影响不可估量；第三，居民对未来通货膨胀预期逐渐增强。结合中国实际情况，我们提出若干对策建议。接下来，本章对货币政策框架、规则进行详细的阐述和比较分析，规则性的货币政策包括汇率目标规则、货币数量规则、名义收入目标规则、利率规则和通胀目标规则等，我们试图通过比较这些货币政策规则来考察利率规则和通胀目标规则的特点。然后，我们对最优工具规则的研究成果进行了简单回顾，以保证与目标规则相关研究的连贯性。本章阐述的最优工具规则是基准的新凯恩斯模型框架—线性理性预期（LRE）模型，包括基准LRE模型的目标函数、约束条件及最优解—最优利率规则，研究侧重于通货膨胀的稳定性及最优通胀率水平及区间。我们深入研究了Olivier Coibion，Yuriy Gorodnichenko和Johannes F. Wieland（2010）提出的包含正的稳态通胀的新凯恩斯模型，结合新凯恩斯模型中正的稳态通货膨胀与名义零利率下限，运用损失函数推导出非零稳态通胀的效应，从而奠定福利分析的研究基础。研究发现，稳态通胀通过三种直接渠道来影响福利水平：稳态效应、效用函数中的相关系数的变化幅度以及模型的动态变化。即使采取各种方法来降低正的稳态通胀的成本或提高其收益，最优通胀率也是低的，最优的年通胀率少于两个百分点。

第四章着手研究货币的对外稳定即汇率稳定及其影响因素。本章首先从衡量我国汇率制度的浮动程度入手，利用汇率的制度性浮动指数公式进行实证分析并与同期的美国、日本和东亚五国的浮动程度进行比较，发现我国管理浮动汇率制与其他亚洲国家相比干预程度较高，这意味着我国仍然不能放弃汇率稳定目标。一般认为，影响汇率变动的因素有通货膨胀、物价水平、利差、货币供应量、国民收入水平、货币政策和财政政策、"新闻"以及外汇市场交易指令流以及价差等。在本章中，我们将根据宏观经济理论和以往学者的研究选取影响一国汇率变化的基本经济因素，并结合统计和计量经济理论分析，剔除非影响我国汇率波动的变量，最终建立多元线性回归模型分析不同因素对于我国汇率变化的影响趋势及强度。研究显示，与汇率的相关性排序为外汇储备、利差、外商直接投资和通胀差，贸易顺差导致的外汇储备激增是影响我国汇率变化的最主要因素。因此，我们要着重研究外汇储备的相关问题，相关研究主要包括储备数量、储备规模和储备结构三个方面，三方面虽然内涵不同，但关系密切。储备数量侧重于适度规模的研究及宏观经济变量的影响研究，储备风险贯穿于外汇储备管理中，侧重于风险识别与度量，储备结构是在适度储备规模前提下，各储备资产占储备资产总量的最优比例。总的来说，外汇储备最基本、最首要的问题是测定适度规模并提出符合实际的管理方案。除此之外，影响我国中短期汇率变化的因素还有两国利率差异、外商直接投资和两国通货膨胀差异，针对我国的现实情况，我们将提出相应的政策建议及实施方案，进而有效地使用汇率工具发展和促进经济。

第五章在前一章工作的基础上提出货币对外稳定的制度安排，即国际货币体系重构问题。首先，我们基于公共品的纳什均衡供给对国际货币体系的演进过程及其原因进行分析，揭示国际货币体系演进和变迁的根本原因及预测未来改革发展的方向。结果发现，收入平均和收入有差异的国家提供公共品的纳什均衡供给不同。在各国收入平均或经济实力相当的世界经济格局下，各国共同提供公共品，且责任和权利对等，国际货币体系是对称的体系；在各国收入水平差异较大或经济实力悬殊的世界经济格局下，高收入国或发达国家提供公共品，低收入国或发展中国家只是"搭便"车，责任和权利不对等，国际货币体系是非对称性的。因此，国家间经济实力的差异和均衡是国际货币体系不断变迁最根本的原因。接下来，我们通过对几种主要货币美元、英镑、日元、德国马克的国际化进程及其特点进行总结和比较分析，得出对于人民币国际化有益的、可借鉴的经验启示，发现日德渐进式改革的经验符我国的实际情况，从而多角度地提出了人民币国际化的改革路径和发展建议。最后，我们阐述并分析了国际货币体系的现状及存在的问题，揭示国际货币体系未来的改革方向，剖析了改革之中可能存在的难点和重点。

第二章
货币稳定的理论基础

第一节　最优通货膨胀率：内涵、度量与估计

通货膨胀具有多方面的社会经济效应。一方面，通货膨胀会降低储蓄、限制投资、扭曲收入的再分配、引起社会福利损失，另一方面，适当的通货膨胀则会刺激产出、拉动消费、增加政府收入。因此，确定最优通胀率一直是国内外学者热衷研究的问题之一。

一　最优通货膨胀率：Friedman与Phelps之争

最优通货膨胀率问题，最早由Bailey（1956）和Milton Friedman（1969）进行了研究。特别是，弗里德曼准则（the Friedman Rule）明确指出，当名义利率为零时的货币增长是最优的。这是因为，货币可被看作一种资产，当持有货币的私人边际成本与社会增加货币的边际成本相等时，货币增量是最优的，违背这一点将会造成无效率。由于人们持有货币便不能投资于股票、债券等其他资产，因此，持有货币的私人边际成本实际上

是一种机会成本，取决于名义利率。社会增加货币的边际成本，也就是国家开动印钞机的成本，基本上等于零。因此，当名义利率为零时，货币增量达到最优。由于名义利率是两个因素之和：实际利率和预期通胀率。实际利率作为资本的边际收益率，一般是正的，从而最优的通货膨胀率等于资本实际回报的通货紧缩率，是一个负值。

弗里德曼准则自提出以来便受到了广泛的关注。其支持者有Lucas 和Stokey（1983），他们通过完整的经济模型分析，从理论上系统地论证了最优货币数量论和最优通胀率的问题。

新凯恩斯主义的代表人物Phelps（1973）对弗里德曼准则提出了反对意见。他认为，货币增长给政府带来了收入—通货膨胀税。弗里德曼准则的一个隐性假设是，货币增长的变动通过一次性转移支付来实现，对政府收入的任何影响都可以通过调整一次性转移（或税收）支付来抵消。但这种假设本身是不现实的，政府不太可能有一次性收入的来源，因此，如果实行弗里德曼准则的最优通胀率，即负的通胀率，为实现自身的收支平衡，政府因此减少的通货膨胀税收入将会通过增加其他税收来弥补，这些税收会改变消费者的预算约束，造成对经济的扭曲与无效率，因此适度的正通货膨胀率可能会对经济产生良性影响。

Lucas（1994）与Gomme（1993）通过估计通货膨胀的福利成本，在某种程度上支持了Phelps的观点。Gomme发现，尽管通货膨胀会导致劳动力供应和经济增长的下降，但由于家庭可以享受更多的闲暇，通货膨胀的福利成本实际上很小。

Christonian（2009）对"Friedman与Phelps之争"进行了总结，认为Friedman是从货币政策角度阐述了最优利率，Phelps则从财政政策角度表明了最优利率的观点，其分歧源于各方研究立场的不一。

二 最优通货膨胀率的度量：方法与模型

受到Phelps通货膨胀是一种赋税的相关结论的启发，很多学者将通货膨胀选择与一般公共财政的税率选择结合起来讨论。Kimbrough（1986）、Faig（1988）、Chari，Christiano和Kehoe（1991）以及Correia和Teles（1996）的研究将最优通货膨胀税问题和最优赋税的一般问题结合起来，指出即使没有一次性税收，在某些条件下关于最优通胀率的弗里德曼法则—名义利率为零—仍为最优，但这些研究结论是建立在严格的对偏好的限制条件上的。

通过Lipsey和Lancaster（1956）提出的次优理论发展而成的次优课税理论说明，由于政府只能采取扭曲性的税收工具获取收入，一般理想的做法应该是从每个来源都获取一些，以便最大程度地减少由于筹集一定数量收入而造成的扭曲，因此次优课税方案中应当包括铸币税。铸币税是一国货币当局（中央银行）凭借对货币的垄断发行权，通过增发货币获得的实际收入。由于增发货币的成本基本为零，相当于发行货币量的一部分直接转化为政府的财政收入，政府无偿获得了一部分资源的支配权，实际上相当于政府向所有货币持有者进行非强制征税，也就是铸币税。因此，铸币税的税基是实际货币余额，税率是通货膨胀率，铸币税收入等于实际货币余额与通货膨胀率的乘积。不论在发展中国家还是发达国家，铸币税收入都是弥补财政支出的重要手段之一。

Cagan（1956）对铸币税的研究具有开创性的结果，他认为铸币税的征收像其他财政税收一样，通货膨胀率与铸币税收入之间的关系遵循拉弗曲线（Laffer Curve），见图2-1。在图中可以清楚地看到，当通货膨胀率增加时，铸币税收入先增加，在达到顶点后开始下降。其原因在于，当通货膨胀率低于π^*时，经济中存在资源闲置状况，政府发行货币的速度快于工资和价格的调整速度，实际货币存量增加，也就是税基扩大，同时，由于此时的货币扩张不会或部分地转化为价格上涨，因此税率上升的效应超过通货膨胀率升高导致实际货币需求下降的效应，政府的铸币税收入会随通货膨胀率递增。当通货膨胀率超过π^*时，由于货币扩张刺激的总需求使得资源达到充分利用状态，此时货币扩张完全转化为价格的上涨，持有货币的机会成本增加，货币需求减少导致税基减少，从而政府的铸币税收入下降。使铸币税收入达到最大值的通货膨胀率π^*就是最优通货膨胀率。

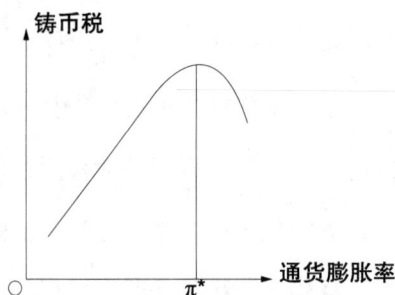

图2-1　作为通货膨胀函数的铸币税

由于Cagan构建了一个半对数现金需求函数模型，意味着货币需求对通货膨胀具有常数的不完全弹性，再加上其适应性预期的假设，遭到了后来很多学者的批判。

对最优通胀率的另一个研究思路是从中央银行效用（或损失）的角度。各国中央银行都具有特定的目标函数，通过确定政策规则的参数使得目标函数的预期值最大化（或最小化），从而推导出最优的政策规则。假设中央银行的目标函数包括产出（或就业）和通货膨胀，按照Barro和Gordon（1983）的设定，中央银行的目标函数有两种设定方式：

$$U=\lambda\ (y-y_n)\ -1/2*\pi^2 \tag{2.1}$$

$$V=1/2*\lambda(y-y_n-k)^2+1/2*\pi^2 \tag{2.2}$$

（2.1）式是中央银行的效用函数，（2.2）式是中央银行的损失函数。y为产出，y_n为经济体的自然产出率，π为通货膨胀率，λ规定了中央银行给予产出扩张相对于通货膨胀稳定的相对权重，k为一个常数。

之所以得出这两个目标函数，是源于中央银行货币政策目标选择的不同。在（2.1）式中，货币政策的目标是"促进增长、稳定物价"，产出越多越好，而且其边际效用为常数，所以产出以线性方式进入目标函数；而通货膨胀则假定具有递增的边际负效用，所以以二次项形式进入目标函数。最优政策规则是实现MAX（U）。在（2.2）式中，货币政策的目标是"产出和物价的双稳定"，可变型为：

$$V=-\lambda(y-y_n)+1/2*\pi^2+1/2*\pi\lambda(y-y_n)^2+1/2*k^2 \tag{2.3}$$

从（2.3）式中可以清楚地看出，损失函数还包括了由于产出偏离y_n而造成的损失$[\lambda\ (y-y_n)^2]$项。最优政策规则为实现MIN（V）。

Walsh（1992）利用Lucas（1972）的理性预期模型，对U和L函数进行研究，得到中央银行追求的最优通胀率是实现MAX（U）和MIN（V）时的通胀率。他据此解释了发展中国家与发达国家之间物价水平的差异，指出发展中国家的货币政策一般为"促进增长、稳定物价"，因此在制定货币政策时有制造通货膨胀促进经济增长的动机，物价水平居高不下；而发达国家的货币政策一般为"产出和物价的双稳定"，不肩负刺激经济增长的压力，缺乏制造通货膨胀的动机，其通货膨胀水平较低。Walsh的分析具有广泛的经验支持，但由于权衡系数λ的确定具有主观性，对货币政策的规范性和可靠性造成威胁。

三 最优通货膨胀率的估计

美国次贷危机引发全球性金融危机以来，利率零下限问题（Zero Lower Bound，以下简称ZLB）成为困扰众多国家经济的普遍问题。ZLB指的是零是名义利率的下限，名义利率不能低于零。由于ZLB的存在，会对中央银行的货币政策产生约束，尤其是在经济衰退的情况下，不能将名义利率从而实际利率降到足够低的水平以刺激经济增长。为确保货币政策操作的空间，通常需要确定一个正的通货膨胀率。Williams（2009）认为，一般而言，2%的最优通胀率目标可以对ZLB进行有效的缓冲，但由于ZLB在经济危机中对产出下降的影响较小，但对危机过后经济复苏的影响较大，如果宏观经济环境不能向预计的更好的方向发展，那么2%的最优通胀率将不能对ZLB进行适当的缓冲。

除了ZLB之外，其他一些因素也会造成对最优通货膨胀率的扭曲。Martin Bailey（1956）等认为，交易成本、非零通胀率下的真实扭曲以及税收系统的非中性，支持最优通胀率为零甚至是一个负数；Akerlof，Dickens和Perry（1996）认为，工资的不对称、劳动力市场的不完美、不完全竞争引起的扭曲以及测度方法的偏斜，使得最优通胀率为正。世界上大多数的中央银行，平衡以上的观点，将年通货膨胀率目标设定在2%~3%（Kuttner，2004）。

Schmitt，Grohe和Uribe（2009a，2009b，2009c，以下简称SGU）和Coibion，Gorodnichenko和Wieland（2010，以下简称CGW）运用具有较为坚实的微观基础的新凯恩斯模型进行分析。SGU建立了具有财政和货币政策合作的最优通胀模型，着重从最优财政政策和货币政策的政策角度以及市场粘性和名义刚性对最优通胀率进行了分析，认为工业化国家的平均通胀率为2%左右，但是在货币政策非中性理论基础上，最优通货膨胀率应该为负的实际利率至零边界之间，认为ZLB对设定货币政策目标并没有形成制约。CGW研究了在ZLB下正的稳定通货膨胀在新凯恩斯模型中的作用，使用Woodfood（2003）的基于效用的福利函数二阶近似对最优通胀率进行了评估，得出年最优通胀率是一个略低于2%的数。

通过对以上研究文献的综述，可以看出国际学术界对最优通货膨胀率的探讨并没有达成一致的意见。但各方不同的研究角度为我们今后的研究提供了广阔的思路和空间。特别是金融危机以后，各国实行较为宽松的财政货币政策，很可能造成全球性通货膨胀的到来。在这样的背景下，进一步研究最优的通货膨胀率水平，对各国宏观经济政策的制定有重要的意义。

第二节　汇率影响因素研究的理论基础

汇率水平由哪些因素决定，一般可以考虑包括价格水平、利率基准、货币供应量、国民收入、外汇储备等等，由于侧重的角度不同，从而形成了各种不同的主流理论，如购买力平价理论、利率平价理论、国际收支理论，并在此基础上发展一系列汇率决定模型，这些模型大致可分为两类，一类是汇率结构模型，包括弹性价格货币模型、粘性价格货币模型、实际利差模型、资产组合平衡模型，另一类是汇率随机游走假说。

若以时间为序，可以把汇率决定理论研究分成三个阶段。第一阶段，20世纪50年代前。卡塞尔（Cassel，1918）提出的购买力平价理论是主流汇率决定理论，后来随着国际资本流动的兴起，凯恩斯提出了利率平价理论，由于50年代前世界处于固定汇率制的国际货币体系下，人们对于购买力平价及利率平价理论深信不疑，之后随着浮动汇率制度的产生和建立，购买力平价理论只能解释长期汇率行为，而无法解释短期汇率的波动了。第二阶段，20世纪50年代至90年代。欧洲货币市场兴起，各国外汇管制放松，国际资本流动加大，并在1973年世界滑入牙买加体系各国实行浮动汇率制，此后危机频繁爆发。在这样的背景之下，有代表性的主流汇率决定理论有Frankel和Mussa的货币模型（1976）、Kouri的资产组合模型（1976）和Dornbusch的粘性价格汇率模型等，但这些理论同样得不到实证检验的支持，尤其是对于1978年之后的数据，像Meese和Rogoff（1983）认为资产市场论（以上主流汇率决定理论的统称）的预测误差甚至大于随机过程。第三阶段，20世纪90年代至今。汇率决定理论产生两个新的研究方向，一个研究方向是Obsfeld和Rogoff（1995）将跨时期分析方法和M-F-D模型结合提出新开放宏观汇率模型，该模型不仅具有动态特征还具有微观经济基础，但很可惜在实证检验中的误差仍然大于随机过程，存在宏观经济理论无法解释的"汇率决定谜团"，另一个研究方向是借鉴证券投资领域的市场微观结构理论，以外汇交易过程、外汇市场交易市场参与者的行为等微观现象为切入点，研究汇率决定问题。但至今为止，汇率决定的研究仍然存在"四大谜团"，即"分离"谜团、过度波动谜团、购买力平价谜团和"肥尾"谜团，而用已经存在的理论及模型无法进行解释。

虽然汇率决定的各主流理论仍无法很好的解释现实汇率剧烈波动的问题，但仍然是研究汇率决定以及汇率影响因素问题的理论基础。本章也是建立在主流汇率决定理论的基础上剖析筛选汇率影响因素的，因此以下将详细阐述汇率决定理论的主要内容及其局限性。

一 20世纪50年代前

（一）购买力平价理论：物价水平或通货膨胀

购买力平价理论（Purchase Power Parity，PPP）是最古老的汇率决定理论，是卡塞尔（Cassel，1918）在前人研究的基础上提出的，分成绝对购买力平价和相对购买力平价两种形式。绝对购买力平价理论认为，两种货币间的汇率是由同一商品组合在两国各自以本币表示的价格比决定的，即一种货币的单位购买力在两个国家应当相同。相对购买力平价理论认为，一种货币相对于另一种货币的贬值率与相关两个国家的总物价的通货膨胀之差相一致，即两国通胀差异决定了汇率变化。

　　自购买力平价理论出现，关于其是否成立的争论就从未停止过。尽管当代大量研究认为购买力平价关系短期内难以实现（除非在超高速通货膨胀下），长期即使成立PPP偏离的半衰期也有四年左右，一些文献还证明PPP长期也不成立。但无论在学术还是相关政策领域中，购买力平价理论还是被大量作为理论基础用于研究，这体现在传统的宏观经济学分析（Donbusch，1980）和基于跨时期的最优化结构基础上的新开放宏观经济学模型（Obsfeld和Rogoff，1996，Lane，2001）之中。

　　关于购买力平价理论经验证据的研究浩如烟海，并且已经与计量经济学技术的发展到达相同境界。20世纪80年代之前的早期经验文献使用的是最小二乘法和广义最小二乘法，但早期经验文献并没有考虑估计方程式中残差的平稳性。随着计量技术的发展，研究发现名义汇率和价格指数是非平稳序列，使用最小二乘法会存在伪回归问题。因此，单位根检验、协整技术（包括Engle-Granger两步法、Johansen最大似然估计法等）、方差比例检验等检验方法应用于购买力平价理论的证明中。后来，为了增加单位根检验的效力，增加所考察样本期间的长度进行长期跨时研究和进行面板研究，但这些研究大多都拒绝了实际汇率组的单位根假设。近期的经验文献揭示，运用主要工业化国家间的双边汇率进行实证研究发现，购买力平价可以看作是一个有效的长期国际平价条件，真实汇率的均值回归表现出明显的非线性化（Dumas，1992，Obstfeld和Taylor，1997，Peel和Taylor，2001）。一些经济学家还将混沌思想（一种典型的非线性系统）引入汇率研究中（De Grauwe 和Vansanten，1991；De Grauwe，Dewachter和 Embrechts，1993；De Grauwe和Grimaldi，2002），但该方法的有效性及其影响尚不明确，还需要进一步的检验（Peel和Taylor，2000，Sarno和

Taylor，2001，Taylor，2001）。

购买力平价理论认为，物价水平或通货膨胀是影响汇率的唯一因素，这是它难以通过实证检验的主要原因，尽管很多影响汇率的因素隐藏在物价水平或通货膨胀的背面，但把物价水平或通货膨胀作为唯一影响汇率的因素显然是片面的。无论购买力平价理论短期或长期是否成立，物价水平或通货膨胀都会作为一种内在的经济因素时刻影响着汇率的走势。

（二）利率平价理论：利率

凯恩斯的利率平价理论从国际资本流动出发研究了名义汇率与名义利差之间的关系，这种把汇率决定从实质经济部门转向货币经济部门的开创性研究奠定了利率平价理论研究的基础。英国经济学家艾因齐格（Paul Einzig）将凯恩斯利率平价静态理论综合而发展成为利率平价动态理论，完成了古典利率平价体系的构建。Einzig提出利率平价的定义并给出抛补利率平价理论的数学表达式。他提出，若远期利率相当于两个金融中心的短期利率之差，那么这一利率差异就是利率平价，远期具有向利率差异调整的趋势。在此基础上，他给出了抛补利率平价原理的数学表达式，式子表明远期外汇升贴水大致等于两国货币的利差，一旦外汇远期升贴水偏离利率平价，就会发生套利和套汇活动，套利者为了避免汇率风险往往将套利与掉期业务结合进行，结果是低利率货币现汇汇率下浮，期汇汇率上浮，高利率货币则相反。

现代利率平价理论是阿尔布尔等人在抛补利率平价理论的基础上提出的无抛补利率平价理论及修正的利率平价理论。在无抛补套利情况下，投资者都是风险中立的且预期相同，在市场均衡条件下，预期汇率的变化率等于利差。若考虑到借款的机会成本、汇率变动风险、外汇管制、外资政策变更风险等因素，对利率平价理论进行修正来解释实证研究结果偏离利率平价关系的原因。随着欧洲货币市场的高度发展，电子技术的广泛应用和金融管制的放松，资本流动频繁加剧汇率的剧烈波动，在汇率决定的影响因素上由原来用单一因素解释汇率决定及变动发展到用多种复杂变量进行解释，研究重点也从远期汇率转移到即期汇率，即期汇率决定于利率、货币增长率、国民收入和预期等诸多因素，构成了即期汇率决定的利率平价理论，其表达式为：

$$E=(m-m^*)-\tau(y-y^*)+(\frac{1}{\alpha}+\beta)(\pi-\pi^*)-\frac{1}{\alpha}(r-r^*) \quad [1] \tag{2.4}$$

（2.4）式表明，即期汇率是国内外相对货币供给、相对国民收入、名义利差与通货膨胀率差异的函数，相对于前面的利率平价理论，该理论对于现实的解释力更强。

利率平价理论以投资者理性选择为基础，具有较高的理论和实践价值。自从20世纪60年代以来，经济学家们对利率平价理论做了大量实证研究，结果发现多数实证结果并不支持利率平价关系（Meese和Rogoff，1995；Edison和Pauls，1993；Throop，1994；Coughlin和Koedijk，1990）。最初是Frankel（1976）在多恩布施黏性汇率理论基础上创建了粘性实际利差模型，随后Meese 和 Rogoff（1995）与Edison和Pauls（1993）相继对实际汇率与实际利差两者的理论与实证关系进行研究，得出与Dornbush-Frankel黏性实际利差模型相一致的理论推导，但在实证检验上

---

1 m，m^*，y，y^*，π，π^*，r，r^*，τ，α，β分别代表国内外的货币供给、国内外国民收入、国内外预期通货膨胀率、国内外利率水平、货币需求的收入弹性、大于零的系数和货币需求的利率弹性。

结果并不支持。20世纪80年代后期开始，一些实证研究取得了与理论相一致的结论。Baxter（1994）将实际汇率的频率区分为地低频和高频实际汇率，得出理论与实证结果相一致的结论；Nakagawa 与Mark 和 Mon研究了非线性的实际利差和实际汇率的关系，都取得与理论一致的实证结果。我国学者在利率平价理论的实证检验方面也做了大量工作。薛宏立（2002）通过画出1980年—1999年的走势图， 以直观折线图比较的方法得出结论，认为我国的名义利率和名义汇率之间不存在利率平价理论所阐述的关系。王爱俭（2003）采用格兰杰因果检验方法对名义利率—名义汇率之间、实际利率—实际汇率之间进行检验， 同样得出利率平价理论在中国不成立的结论。熊鹏（2005）运用单位根、协整检验及建立误差修正模型研究了利率对汇率的影响，认为人民币利率对汇率都是反向影响的，短期比长期影响较弱。

尽管大量的经验分析对于利率平价关系是否成立并不一致。有的研究认为利率平价关系长期和短期内都成立，有的研究认为利率平价关系仅在短期内成立，也有研究认为利率平价关系长期和短期内均不成立，经济学家们分析利率平价关系在中国不成立的原因很多，如资本有限流动、汇率形成效率缺失、汇率预期形成机制简单化等等，但这些并不能证明利率平价关系不成立。但不可否认的是，利率和汇率作为货币市场和外汇市场的两个有力工具，两者之间有很强的联动性，利率是影响汇率水平的重要因素之一。

二 20世纪50年代至90年代

20世纪70年代后汇率决定的主流理论发展成为汇率决定资产市场

论，有代表性的是货币模型（Frenkel和Mussa，1976）、黏性价格模型（Dornbusch，1976）和资产均衡模型（Kouri，1976）。按照各理论模型对于价格水平变化特征假设的差异，分类阐述汇率决定资产市场论的主要内容及局限性。

（一）固定价格：蒙代尔—弗莱明模型

蒙代尔—弗莱明（Mundell-Fleming）模型继承了凯恩斯传统，即总供给对固定物价水平起积极作用，总需求变动确定经济活动水平，它是在布雷顿森林体系下即固定汇率制度条件下建立的理论模型，也是浮动汇率制度下重要的政策分析工具，是政府研究开放经济中货币作用和财政作用的基石。该模型最主要的贡献是将货币政策、财政政策、汇率、利率等主要宏观经济变量纳入一个框架中讨论，集中研究开放经济中货币、利率和汇率之间的关系和政策选择。它系统分析了在不同汇率制度下国际资本流动在宏观政策有效性分析中的重要作用，也是凯恩斯收入-支出模型和米德的政策搭配的综合。

蒙代尔—弗莱明模型应用的理论基础是凯恩斯的有效需求不足理论，选取了两国利率、货币供应量、国内收入等因素进行建模和分析，采用的是宏观经济一般均衡分析方法，模型中包括三个市场即商品市场、货币市场和外汇市场，它不仅注重商品市场和货币市场的均衡，而且特别重视在市场均衡利率作用下国际资本流动对汇率及政策内外搭配的影响，从而把开放经济的分析从实物领域扩展到金融领域。该模型分析了资本完全流动的开放经济中，当一国政府采用不同汇率制度时，货币政策与财政政策对宏观经济的不同影响。模型假定价格固定或某种形式的价格黏性，且是在完全预期条件下，建立了三个基本方程为：

$s=i-i^*, m=\sigma s+ky+\theta i, y=\chi(\alpha+\mu s-\varphi i-y)$ ，其中，s代表直接标价法下的汇率，i和i*是国内外利率，m代表货币供应量，y是国内收入，变量上一点代表对时间的导数，这三个方程分别是未抵补的利率平价条件、国内货币市场均衡条件以及产出和总需求函数，假定货币供给是由货币当局外生决定的，将前两式变形，代入第三式整理得出完全预期的蒙代尔—弗莱明模型的表达式。考虑外部冲击，蒙代尔—弗莱明模型最终得出的政策结论是：在固定汇率制度和资本完全流动条件下，货币当局不能自主决定货币供应量，也不能有效地影响利率水平，所以政府无法实行独立的货币政策，即货币政策无效，而财政政策具有明显的经济效应；在浮动汇率制度下，货币政策对于宏观经济的影响远大于财政政策，货币政策有效，而财政政策无效。

蒙代尔—弗莱明模型在理论上能够较为真实地反映开放经济条件下货币政策和财政政策的不同作用，同时也在美国、日本等一些发达国家的实践中检验和印证了其重要性。但是该模型是建立在一系列的假设条件之下的，其局限性也表现得十分明显。第一，假定人们预期汇率变动率为零是不符合现实的，考虑人们去掉预期因素，浮动汇率制度下货币政策和财政政策效力都会有所减弱；第二，假定调整瞬间完成，并未考虑J曲线效应；第三，假定价格不变不符合现实，忽视了实际余额效应和货币幻觉等问题。因此，仍要不断地放松假设条件和修正模型，使之更接近现实，对实际有更强的解释力。尤其针对价格不变的假设条件所做的工作，使蒙代尔—弗莱明模型成为货币超调模型等很多重要模型的研究基础。

（二）浮动价格：弹性价格货币模型

弹性价格货币模型，又称汇率的货币模型。该模型将汇率定义为两种货币的相对价格，依据两种货币的相对供给和需求决定汇率。弹性价格货币模型假设充分就业、工资和价格完全弹性，即购买力平价理论连续成立，实际汇率从不改变，认为本国与国外之间实际收入水平、利率水平和货币供给水平通过对各自物价水平的影响而决定汇率，将货币市场上一系列因素引入汇率水平的决定中，最后得出弹性价格货币方程：
$\ln S_t = (m - m^*)_t + \eta(y^* - y)_t + \lambda(i - i^*)_t$ 。

货币模型引入了诸如货币供应量、国民收入、利率等经济变量，可以分析这些变量的变动对汇率造成的影响。国内货币供给相对于外国货币存量增加，会导致以外币表示的国内货币贬值。在其他条件不变的情况下，国内真实收入的增加产生了对国内货币存量的超额需求，国内居民试图增加其真实货币余额，他们会减少开支，价格下降，直至达到货币市场均衡。

在众多的相关实证研究中，一些经验证据是支持弹性价格货币模型的（Frankel，1976；Bilson，1978；Putman和Woodbury，1980；Dornbusch，1984）。他们都选取了一定时间段的美元对德国马克或英镑兑德国马克的汇率进行检验，最终都得出支持弹性价格货币模型的证据。但在20世纪70年代后期，真实汇率的剧烈波动引起人们对于连续购买力平价关系正确性的质疑，一些经济学家（Frankel，1979，1982；Taylor，1995）认为弹性价格货币模型已经不能很好地解释汇率的波动了。Taylor（1995）提出，弹性价格货币模型实证，检验的拟合度低，系数符号不正确，该模型已无法通过传统的诊断检验；Frankel（1982）提出"增加马克之谜"，认为财富效应的存在致使没有包含该效应的货币模型失效。现实中汇率的剧烈波动及一些经验证据的不支持最终导致模型的进一步修正和发展，从而产生了粘性价格货币模型和资产组合平衡模型。

（三）黏性价格：黏性价格货币模型

汇率的黏性价格货币模型，又称货币超调模型，也是多恩布什对蒙代尔—弗莱明模型的扩展模型。该模型假定长期购买力平价成立，引入无抵补利率平价，提出汇率对于给定扰动作出的短期反应超过了其长期稳定均衡值。由于短期商品价格是黏性的，当国内名义货币供给量减少，为出清货币市场，真实货币供给量也会下降，然后利率水平上升。国内利率水平的上升会导致资本流入和名义汇率升值，投资者预期到他们可能会面临外汇损失，风险中性的投资者会向国外借款购买本国资产，当预期贬值率等于利差时即达到了短期均衡，汇率必然会高于长期购买力平价均衡水平。在中期，随着货币供给的下降，国内价格也开始下降，则国内利率也开始下降，汇率朝着长期购买力平价水平缓慢贬值，这个过程持续到长期购买力平价得到满足。

该模型与弹性价格货币模型相比，认为商品市场和资产市场的调整速度不同，商品市场上的价格水平具有黏性的特点，这使得购买力平价理论在短期内不成立，经济有短期均衡向长期均衡过渡的过程。黏性价格货币模型的简约式从多恩布什（1976）的结构方程中导出，假设两国货币市场均衡，最终长期货币市场的均衡条件是：

$m_t - m_t^* = (P_t - P_t^*) + \phi (y_t - y_t^*) - \lambda (i_t - i_t^*)$ 。

多恩布什的黏性价格货币模型出现之后，也得到了一些经验证据的支持（Driskell，1981；Barr，1989；Smith和Wickens，1986，1990；Taylor，1993，1994）。但也存在着大量不支持的经验证据并且对该模型进行了修正和扩展（Calvo和Rodriguez，1977；Gray和Turnovisky，1979；Wilson，1979；Girton和Roper，1981；Hooper和morton，1982；Frankel和Rodriguez，1982；Backus，1984；

Aoki，1985；Rogoff，1988；Change和Lai，1997）。这些修正和扩展主要是从四个方面入手：第一，对预期设定的修正，Gray和Turnovisky（1979）和Wilson（1979）将累退预期更改为完全预期；第二，引入经常项目，Hooper和morton（1982）在超调模型中引入经常项目，经过实证检验得出经常项目是影响汇率水平的重要因素；第三，加入政府部门，Change和Lai（1997）引入政府预算平衡论点研究预料到的恒久性财政扩张所引发的一系列汇率调整；第四，考虑资本控制，Frankel和Rodriguez（1982）认为资本流动性的大小决定汇率出现调整过渡或调整不及的结果。

（四）资产组合平衡模型

资产组合平衡模型是货币模型的修正和扩展，其显著特征是假设本国和外国资产间是不完全替代的，即将弹性价格和黏性价格货币模型中资产完全替代的假设放松了，并且把购买平价和利率平价看作是两个重要的均衡条件，融入财富效应分析，汇率是由货币市场和两国债券市场的一般均衡决定的。在该模型中，汇率可以看作是人们根据自己的消费方式选择内外资产的结果，要了解汇率机制，就必须重视经济主体行为以及影响这一行为的各种微观因素，如投资者偏好、资产组合方式、风险承受能力和消费投资计划等。

资产组合平衡模型假设静态预期、物价水平固定且国内产出固定。金融财富是由三部分构成：$W=M+B+eF$，其中，M为货币存量，B是本国居民持有的政府债券，e是汇率，F是国外资产。该模型认为，资产存量扰动影响汇率和利率水平，进而影响到产出变化、经常项目变化，导致外汇资产和资产存量的变化。假如货币当局增加货币供应量，投资者为平衡资产，会增加购买本国和国外债券，导致国内利率下降，本币贬值。短期内，本币贬值可带来经常账户盈余，又会给本币带来升值压力；同时由于财富增长，商品市场上对贸易品消费增加，贸易盈余减少，经常账户逐步恢复平衡。因此，资产组合平衡模型能使我们区分短期或流量均衡和向长期的、存量均衡的动态调整，是建立在以资产市场、经常项目余额、价格和资产积累率之间相互作用基础上的汇率决定动态模型。

资产组合平衡模型的理论框架使与之匹配的现实数据很难获得，因此该模型并没有大量的经验检验和分析。相关的经验文献中，使用三种类型的检验，一类是在静态预期假设下建立在短期资产组合平衡模型简化形式求解的基础上；第二类是逆资产需求法，着重求解资产组合平衡模型的风险溢价；第三类，采用Hooper和Morton建立的货币和资产市场组合混合模型进行实证研究。这些文献最终结论的共同点是均认为存在显著的外汇风险溢价和非理性预期。

汇率决定的资产市场模型的基本结构是遵循传统的宏观经济学，其理论内容及模型成为后来研究该问题的重要基石。遗憾的是，随着时间的推移，这些模型已不为实证所支持。这些实证检验可以分为两代：第一代采用的是经济计量方法，针对由解释汇率行为的基本变量构成的具体计量经济方程进行计量分析。基于此法的大量实证研究结果表明，实际数据不支持这些模型（Driksell，1981；Haynes和Stone，1981；Frankel，1984）；第二代实证研究重在检验这些模型样本外的预测能力，根据其预测效果来判断模型在现实中的有效性，其中，最著名的是米斯和卢高夫（Meese和Rogoff，1983）的实证研究，结果拒绝了这些理论。随后出现的大量这方面的实证文献也均不支持该模型，有趣的是，米斯和卢高夫将利用结构模型得到的预测结果和利用随机游走模型预测的结果相比较，发现结构模型的表现并不比随机游走模型好。

三 20世纪90年代至今

（一）新开放宏观汇率模型

蒙代尔—弗莱明和多恩布什都认为本国货币扩张会导致外国经济衰退。斯旺森（Svensson）和文杰伯根（Wijin bergen）在1989年提出了一个随机的、两国的、新古典的、理性预期的黏性价格模型，他们认为，货币政策溢出效应是依赖于跨期的消费替代弹性的相对规模，是没有定论的，资产市场是完善的，产出是在边际成本从零到某一极限值的范围内决定的。此后，Obsfeld和Rogoff（1995，1996，1998，2000）建立了一个有微观基础的、两国的、动态的、更具有一般意义的跨时垄断竞争模型，假定名义产出价格是黏性的，资产市场不完善，其主要焦点是货币冲击对真实货币余额和产出的影响。Obsfeld和Rogoff采用新的分析方法，具有开拓性贡献，被称为"新开放经济宏观经济学模型"。该模型与传统开放宏观经济模型相比，不仅将静态分析动态化，引入了垄断竞争和价格黏性，还基于效应最大化和利润最大化对行为人和厂商进行分析，具有微观基础，将微观经济学和宏观经济学密切的联系在一起。

Obstfeld和Rogoff（1995）提出的Redux模型成为后来新开放经济宏观经济学的理论框架，以后的研究都是在该模型的基础上进一步发展完善的。Redux模型构建于一系列假设基础上：两国模型；既是生产者又是消费者，且具有相同偏好；统一世界资本市场；跨国贸易不存在障碍和成本；引入价格黏性和不完全竞争等。基于这些假定，在跨时预算约束条件下，人们可通过决定其消费、货币持有量、劳动供给以及产出价格，努力使其一生效用最大化。建立三个方程：欧拉方程、货币市场均衡条件方程以及劳动和闲暇交替方程，求解这三个一阶条件方程可得到一个稳定状态点，Obstfeld和Rogoff利用稳定状态点附近的对数线性近似得出模型各变量的动态调整过程，构建起动态一般均衡模型。该模型可用来分析货币政策冲击对经济的影响，如本国的永久性货币扩张可能会导致消费产出增加、本国汇率贬值、贸易条件短期恶化而长期改善以及降低国际实际利率水平等；也可以用货币冲击对消费、实际货币余额和产出的短期效应和长期效应相应的权重和贴现率来计算货币冲击的福利效应。此后，许多学者通过不断地放松和修改该模型的假设条件，而使新开放经济宏观经济学理论进一步发展完善，如基于国家规模假定的扩展（Lane，1997）、基于偏好和生产技术假定的扩展（Corsetti和Pesenti，1997；Betts和Devereux，1997，1999，2000；Chari，Kehoe和McGrattan，1998）、基于一价定律成立假定的扩展（Betts和Devereux，1996，1997，1998，2000；Obstfeld和Rogoff，2000；Corsetti和Pesenti，2001）、基于世界资本市场结构假定的扩展（Sutherland，1996；Senay，1998；Betts和Devereux，1998；Chari，Kehoe和McGrattan，1998）和基于名义黏性假定的扩展（Taylor，1980；Calvo，1983；Kollman，1997；Andersen，1998；Obstfeld和Rogoff，2000；Corsetti和Pesenti，2001）等。1998年Obstfeld和Rogoff在Corsetti和Pesenti模型设定的基础上，假定本国和国外货币存量变动服从对数正态的随机过程，最先引入货币不确定性及名义汇率风险，提出了随机的新开放经济宏观经济学，随后Devereux和Engel（1998）、Bacchetta和Van Wincoop（1998）、Engel（1999）等展开深入研究。

新开放经济宏观经济学与原有理论相比，对于现实问题的解释力增强，但该方面的研究目前仍然缺乏系统且成功经验研究的支持。新开放经济宏观经济学理论的实证研究方法目前主要有两种：一种是校准法（Chari，1998；Kollman，1997），在验证黏性价格下货币冲击对宏观经济影响程度的总体经验评估中并不充分；另一种是利用VAR计量模型得到的脉冲反应函数来获得有用的经验证据（Clarida和Gali，1994；Eichenbaum和Evans，1995；Betts和Devereux，1997；Bergin，2001）。这些实证研究对于该领域的进一步发展具有重要意义，将成为未来研究的重要突破点。

（二）外汇市场微观结构理论

20世纪70年代之前，主流的汇率决定理论是宏观汇率决定模型，但这些模型很难预测和解释汇率的中短期走势。而20世纪90年代兴起的外汇市场微观结构理论是对宏观汇率决定模型的重要补充，它假定外汇投资者的预期多样化，且指令流等市场微观结构变量是影响汇率行为的主要因素，该理论的分析视角从宏观基本因素转向考察外汇市场本身的实际情况，对于解释汇率波动问题具有很大的启发性，是汇率经济学研究方法上的重大突破。

Lyons（1995）首次在马克兑美元的外汇市场上使用微观结构模型进行实证研究，分别检验了指令流影响价格的存货机制和信息机制，实证结果非常显著，从而开创了外汇市场微观结构研究的先河。Dominguez（1998）利用即期外汇市场的高频数据，校正央行干预操作与当时市场状况的关系，指出央行在市场交易量很大且宏观信息公布的下一时刻进行干预效果最佳，信息影响汇率决定的行为过程是国际金融领域最有意义的研究方向。Vitale（1999）提出一个外汇市场干预的不对称信息模型，认为央行通过下达执行冲销的命令，能够影响到市场参与者的汇率预期。Evans和Lyons（1999）提出一个新的不对称信息模型，假定央行、公众和投机者之间信息不对称，且本国资产和外国资产不完全替代，那么，指令流会具有信息效应。Souza（2001）提出，经纪人对央行和其他客户的指令流一视同仁，也能清楚地识别银行间交易的目的，可根据有信息含量的私有头寸确定汇率走势。Evans和Lyons（2002）将市场微观结构理论引入汇率决定的宏观模型中，提出了一个包括宏观经济变量和微观结构变量资产组合变动模型（PSM），该模型认为投资者具有不同预期，信息通过指令流被市场消化，指令流是汇率决定的微观基础。Engle和West（2004）、Evans和Lyons（2006）提出"Meese-Rogoff Redux"命题，主张利用基于市场微观结构的宏观模型来研究中短期汇率决定和预测，以期能够解释目前汇率研究存在的各种谜团。

关于汇率决定的大量实证文献中反复的得到一个典型结论：长期内，当经济基本面发生重大变革时期，宏观经济基础是汇率波动的重要决定因素，而又会存在大量且持久的汇率运动，宏观汇率模型无法进行解释。因此，外汇市场微观结构理论产生的动机是解释宏观汇率模型对于汇率波动预测失效的原因。目前存在的大量相关文献中，研究主要集中市场参与者之间的信息传播、市场主体预期的异质性及这种异质性对交易量、汇率波动的影响及意义等问题。

综上所述，传统汇率决定理论对现实经济中汇率实际变动的解释力十分低下，如购买力平价理论、利率平价理论、货币模型以及资产组合模型，均属于传统汇率分析范式，传统汇率分析范式具有一个典型的特征，即强调某一因素后而构建出理论模型，然后根据该模型测算出均衡、合理的汇率水平，围绕汇率水平制定汇率政策。高于均衡汇率的市场汇率，认为可能汇率高估，低于均衡汇率的市场汇率，认为可能汇率低估。各种不同的汇率决定理论所包括的自变量不同，计算出的均衡汇率水平就存在差异，实际数据又不支持各模型，使得汇率决定问题异常复杂混乱。20世纪80年代以来，学术界不断寻求突破，期望理论对于现实能有更强的解释力，大量新文献涌现，从不同方面对传统汇率决定理论进行补充、扩展和替代，如对传统汇率理论中的有效市场假说提出质疑且大量的相关检验拒绝市场有效性，坚持理性预期假设的经济学家构建多种模型解释拒绝市场有效性的原因，继而突破理性预期假设，形成了具有微观基础的宏观经济分析方法、汇率的微观结构分析和混沌分析方法，最具代表性的是有微观基础的宏观经济分析方法和汇率的微观结构分析，这是当前汇率决定理论的主流和最新发展，虽然与传统汇率决定理论相比，当前的理论已经放松了很多假设，使其更接近现实情况，但仍然不能很好地释现实中的诸种现象和变化，理论和现实的差距也会不断调整理论经济学家和计量经济学家们研究的视角，而推动汇率理论的发展和完善。

因此，从汇率决定的传统和现代理论、实证以及最新进展情况来看，各理论模型中选取的决定汇率的变量远远不够，现实中影响汇率的因素众多，且汇率对于不同影响因素又具有不同的价格弹性。因此，无论是对于需要兑换外汇的机构或个人，还是从事外汇交易的金融机构和企业，乃至一国政府和外汇管理部门，更多关注的并不是均衡汇率水平，而是影响汇率的诸多因素及各因素对于本国汇率走势影响的重要性排序。

第三节　货币国际化的条件、影响与进程

一　货币国际化的含义、条件与测度

（一）货币国际化的基本含义

到目前为止，国际货币还没有统一、精确的定义。不同的学者从不同角度、在不同的研究背景下界定了国际货币的基本含义。马克思认为，国际货币是一国货币发展的最高阶段。某一国家货币因为特定因素可以在全球范围内行使其货币职能时，它就成为了国际货币。国际货币基金组织（IMF）从国际货币职能的角度所下的定义为：国际货币是能够在世界范围内发挥类似金属货币的作用，可以为各国政府和中央银行所持有，可作为外汇平准基金干预外汇市场的货币。

最早定义国际货币的学者是Cohen。Cohen（1971）从货币职能的角度界定货币国际化的基本含义，国际货币的职能是货币的国内职能在国外的延展，当私人部门和官方机构出于不同目的将一种货币的使用扩展到该货币发行国以外，该种货币就发展到国际货币层次了。Hartmann（2002）在Cohen定义的基础上将货币国际化的定义做了进一步扩展，他将国际货币职能细分为三个层次：作为支付手段，国际货币是在国际贸易和资本交易中被私人用于直接的货币交换以及其他货币之间间接交换的媒介货币，也被官方部门用作外汇市场干预和平衡国际收支的工具；作为记账单位，国际货币被用于商品贸易和金融交易计价，并被官方部门用于确定汇率平

价；作为价值储藏手段，国际货币被运用于私人部门金融资产的选择，如表示非居民持有的债券、存款、贷款价值，官方部门拥有国际货币及以其计价的金融资产作为储备资产。日本大藏省（1999）把日元国际化的目标设定为：提高海外交易及国际融资中日元使用的比例，提高非居民持有的以日元计价的资产比例，特别是提高日元在国际货币制度中的作用及提高日元在经常交易、资本交易和外汇储备中的地位。蒙代尔（2003）认为，当货币流通范围超出法定的流通区域，或者该货币的分数或倍数被其他国家或地区模仿时，则该货币就是国际货币。不难看出，国际货币的界定逐渐融入了动态的特征。

（二）货币国际化的条件

国际货币基金组织（IMF）认为货币国际化应具备三个特征：自由兑换性、普遍接受性和相对稳定性。自由兑换性是指该货币能及时方便地被各国政府或居民买卖兑换，普遍接受性是指该货币在外汇市场上或者在政府间清算国际收支差额时能被普遍接受，相对稳定性则是指该货币的币值能够而保持相对稳定。

以时间为序，我们发现货币国际化条件的研究方法是以历史归纳为主。Andrew（1961）提出，国际货币是国别货币之间竞争的产物，一国货币的国际化程度是该国经济实力强弱的外在表现。Williams（1968）认为，国际货币的流动性不是高度依赖于实体经济，而是主要依赖于发行国金融市场的发展程度。Bergsten（1975）认为，一国货币国际化应具备强大的政治及经济实力。Brinley（1975）认为，国际货币的地位有明显的历史继承性，即使英国的经济规模和实力下降，被美、日等国赶超之后，英镑仍然具有较高的国际地位。Eichengreen和Frankel（1996，1998，

1999）运用统计数据研究了货币国际化程度与一国经济贸易规模之间的定量关系，指出一国GDP在全球总产值中所占的比重变化与该国货币在全球外汇储备中比重变化的数量关系，充分说明了历史惯性的重要性。Dwyer Jr.和Lothian（2002）通过考察公元5世纪以来的世界货币史后，归纳货币国际化的五个主要条件，分别是有较高的单位价值、币值长期稳定、主要经济及贸易大国发行、发行国金融市场发达、自然演进的结果。蒙代尔 （2003）认为，货币国际化取决于人们对该货币的信心，而支撑信心的主要因素包括该货币流通的范围与规模、发行国货币政策稳定性、管制程度、币值稳定性以及发行国的综合国力。国内一些学者（何国华，2007；吴慧萍，2010；李继民，2011；陈学彬，2012）均按照国际货币作为国际交易媒介、国际记账单位以及从综合角度分析的条件的现有相关文献进行了梳理。

（三）货币国际化的测度

从现实数据的获取方面来看，度量货币的国际化程度是个难度较大且复杂的问题。即使能够设计出复杂准确的模型，模型所需数据的范围也很广，会涉及到一些非公开或者非定期公布的数据，货币国际化的定量研究难度很大。

一般来说，一种货币的国际化水平与其代表的经济体的经济状况、开放程度和金融体系演变趋向等密切相关。衡量一种货币国际化程度的标准通常包括该货币在国际贸易结算中所占的比重、该货币是否具有国际干预货币的作用、该货币是否被广泛用作国际经贸往来的计价单位、该货币是否发挥国际储备资产的职能、该货币在国际储备资产中所占的比重、该货币是否充当国际清算货币以及该货币在国际上流通的数量（杨长江，姜波克，2008）。从货币国际需求构成的视角来看，货币的国际需求包括贸易结算需求、交易需求、风险管理和储备需求等多方面需求，实现这些需求在国际外汇市场上会有良好的反映。各种功能及需求发挥得越好，该国货币在国际外汇市场的交易量就会加大。因此，货币在国际外汇市场中交易占比是能够反映该国的货币国际化程度的指标（Zhang 和 Chan，2011；张光平，2010）。货币在国际外汇市场占比在很大程度上能够反映该国货币的国际化程度，但也应该考虑货币母体经济的规模，这是必不可少的，在货币母体经济的世界经济占比的基础上考虑不同货币在国际外汇市场的占比会更好地反映该货币的国际化程度。

二　货币国际化的影响

随着美元霸权地位的衰落、日元国际化的推进以及欧元的崛起，关于货币国际化的研究视角越来越广泛，各种关键货币国际化之后产生的优劣影响促使相关研究从货币国际化的条件逐渐转移到货币国际化的影响以及成本收益的分析上来。

20世纪60年代以来，美元作为国际本位货币的地位逐渐确立，人们观察到美元国际化带给美国经济发展许多有益的影响。一方面，世界各国普遍使用美元，美国政府可以通过发行美元获得国际铸币税收益。Aliber（1964）指出，美国从美元的国际使用中获得的铸币税收入会随着美国黄金存量的增加而下降，倘若成为储备货币国家的成本较大，美国不太可能仅仅依靠铸币税收入优势来维持储备货币国地位。Cohen（1971）提出，国际货币发行国获得的铸币税规模从根本上依赖于该货币在国际上的垄断地位。若该国货币处于垄断地位，净铸币税收益就会非常大，反之，若面临其他国家的货币竞争，则净铸币税收益会减少。他还对1965—1969年英镑的净铸币税收益进行实证检验，发现英国从英镑的国际使用中获得的净铸币税收益为零。Bergsten（1975）认为，欧洲债券市场的发展已经侵蚀了美国企业获得国际铸币税。Jeffrey Frankel（1991）指出，美国不需要为各国银行拥有的大量美元储备支付利息，同时，美国财政支付国外银行及投资者购买的美国债券的利息相对于普通投资者也更低，这些都成为美国铸币税的主要来源。

另一方面的相关研究集中在货币国际化对国际贸易与金融市场的影响方面。从宏观经济角度，国际贸易的计价货币决策存在若干准则，如若一国比其贸易伙伴具有更高的通货膨胀率，国际贸易中选择相对稳定的国际货币进行计价；发达国家之间进行制造业产品项目的贸易倾向于选择出口国的货币，而发达国家与欠发达国家之间的贸易则倾向于选择发达国家货币或国际货币来进行定价（Grossman，1973；Page，1977；Carse，1980；Tavalas， 1998）。从微观基础的角度，Donnenfeld和Zilcha（1991）在按照出口方货币定价的基础上，考虑市场需求和成本弹性，若企业利润具有凸性，出口企业倾向出口方货币计价，若企业利润是凹性的，出口企业则倾向于进口方计价。Bacchetta和Wincoop（2005）将均衡理论模型整合到开放宏观一般均衡模型中，把计价决策的宏微观因素结合起来，研究显示，出口企业的货币标价行为是由市场份额和产品差异化决定的。出口市场份额高且产品差异化大的国家，偏好于使用出口国货币计价，反之，则选择进口国货币计价。随着国际化货币使用的不断扩张，货币发行国的金融机构可用来购买贷款、商品、服务等，从而使金融机构收益增加。另外，美国的资本和金融市场资金总量巨大，流动性强且手段先进，在短期内对世界经济的主导作用也不会受到挑战（Bergsten，1975；Tavalas，1998）。在欧元国际化进程加速的过程中，许多学者发现欧盟的金融管理机构不得不进行相应的金融机制改革，如对现有债务重新计价、协调市场规则及制度、政府关于债务的非正式合作、金融市场价格连续性等方面的改革（Ports和Rey，1998；Giovannini和Mayer，1991；Mccauely和White，1997）。

还有一些研究是关于货币国际化对本国经济及货币政策的影响。美元作为世界主导货币会面临两难选择，还会降低美国独立执行及运用货币政策的能力（Aliber，1964；Bergsten，1975）。Tavalas（1998）提出，一国货币作为国际货币使用需要花费成本。在固定汇率制度下，由偏好发生的货币转移会导致资本流动，破坏货币当局控制基础货币的能力。在浮动汇率制度下，货币转移会导致汇率大幅变动，限制货币当局调控能力。不管是固定汇率制还是浮动汇率制，必须要考虑本国资产的外国持有者对本国金融政策的影响。Jeffrey Frankel（1991）提出，货币输出国的中央银行应该特别关注货币国际化对货币存量控制所施加的影响，这种货币需求量的波动往往会表现在利率的变化上，央行可能会由此受到干扰从而影响政策调控的效果。Otani（2002）扩展了BettsDevereux（2000）的理论，从福利经济角度，以日本与东亚为例，分析了货币政策的国际传导受到国内外企业非对称的计价决策的影响方式和路径。

综上所述，当前货币国际化影响的相关研究已经形成较为系统的理论分析。众多学者分别从国际货币对经济、金融、贸易以及政策的影响做了多层次的分析，从而评估货币国际化的合理性。

三　货币国际化的模式、路径和进程

（一）货币国际化的三种模式

当前货币国际化的三种主要模式：美元模式、欧元模式和马克与日元模式。美元模式，依赖于全球货币体系及制度安排，美元成为唯一的计价单位及储备货币；欧元模式，依赖于区域经济一体化的制度安排，让渡货币主权形成区域共同货币；马克与日元模式，依赖于外汇自由化、贸易自由化、经常账户自由化、资本流动自由化、利率与金融市场自由化等方式，逐渐成为国际经济活动中普遍采纳并使用的货币。

美元模式是历史演变的必然结果，任何国家无法复制；欧元模式要经历区域一体化的形成和推进，而区域内又没有统一财政，遗留的隐患较多，近期的主权债务危机充分暴露并揭示潜在问题；相对于前两种模式，似乎第三种模式即马克与日元模式更值得我国借鉴。在当前的国际货币体系下，美元仍然是主导货币，依赖于本国经济发展和政策稳定，在经济实力和综合国力充分发展的基础上推进金融深化改革与发展，这应该是推进人民币国际化最为可行的路径。

（二）货币国际化的路径与进程

货币国际化的路径选择就是本币流出和回流方式的选择。从国际收支的构成组合来看，本币流出和回流方式主要有两种组合：贸易顺差+资本逆差、贸易逆差+资本顺差。从货币国际化的历史进程来看，货币国际化初期都主要是通过资本逆差和贸易顺差的组合来实现的，这种形式以美、德、日为代表，表现为国际投资促进本币流出，贸易顺差促使本币回流及本币币值的稳定。货币国际化成熟期主要是通过贸易逆差和资本顺差的组合来实现的，这种形式以美国为代表，表现为贸易逆差促使本币流出，通过外债和外国投资促使本币回流。货币国际化初期的资本逆差和贸易顺差的组合有利于本币国际化，而货币国际化成熟期的贸易逆差和资本顺差的组合会导致本币贬值，继而通过货币发行获取国际铸币税收益。

Andrews（2006）和Kenen（2008）提出了货币国际化应该遵循的步骤，大致分为七步战略：第一，对所有的市场参与者开放资本账户；第二，本国企业在与国外开展经济活动时，应该有能力以本币作为结算货币的一部分；第三，外国人能够获得他们想要的任何数量的本币；第四，外国法人能够发行本币计价的金融工具；第五，本国法人可以在外国自由发行以本币计价的金融工具；第六，世界组织愿意用本币发行债券履行公共义务；第七，本币能够成为其他国家国际储备的篮子货币。魏昊、戴金平等（2010）认为货币国际化的进程可分为三个阶段：进入阶段，即从本国货币跻身国际化货币行列；维持和扩大阶段，即巩固已形成的国际化货币地位，并在国际化货币格局中更好地体现本币优势，提升影响力；超越阶段，相对于其他国际货币，成为最重要的国际储备货币。在货币国际化的各阶段，决定的重心因素有所不同。进入阶段，产出、贸易和投资在国际上的相对规模是货币国际化的先决条件和国际化程度的基本决定因素；维持和扩大阶段，货币财政政策和币值的持续稳定是树立货币威信的重要条件，汇率波动幅度的决定因素也来自于货币发行经济的平稳运行和政策的有效调节。同时，金融市场的发展程度也会加速或减缓货币国际化的进程。

第三章
货币对内稳定——通货
膨胀稳定性与最优通胀率

货币的对内稳定即物价水平及币值的稳定。从20世纪90年代以来，多数国家都已经意识到通货膨胀的危害及对经济的不利影响，纷纷把维持物价稳定、抑制通货膨胀作为首要目标，以新西兰为代表的一些国家建立起通货膨胀目标制。维持通货膨胀的稳定性，需要从两个方面入手，即明晰的目标规则与可操作的工具规则。郭凯、孙音（2010，2011）对最优工具规则从诸多角度展开了研究，如基于流动性过剩、通胀惯性等，本文侧重于研究通货膨胀的稳定性及最优通胀率水平及区间，也就是说，我们要对目标规则进行深入研究。首先，要将最优工具规则的研究结果进行简单回顾，以保证与目标规则相关研究的连贯性。

第一节　我国通货膨胀的发展历程及历史特征

一　1979年以来历次通货膨胀及其特征

1959年4月中央决定实行八字方针——调整、改革、整顿、提高。进行三年的经济调整。国家采取了一系列的价格改革，18种主要农产品的收购价格都有所提高。首先是粮食、棉花、油脂，分别提高了30.5%、25%、38.7%。同年11月又提高了蔬菜、水产品和畜产品的价格。改革开放初期，中国宏观经济飞快增长，1978年的名义GDP增长率达到13.85%，1979年和1980年的名义GDP增长速度也出现了12%的高增长。与此同时，物价也出现明显的增长，年度CPI通胀率由1978年的0.7%增长到1979年的1.9%，1980年全年通货膨胀率迅速增至7.5%。因为1981年国家实行紧缩的经济政策，所以1981—1982年间的经济增长率有所放缓，CPI通货膨胀率也开始回降。

1982—1984年中国CPI通胀率有周期性变化的现象。当时国务院在1980年底开始治理通货膨胀，并初步控制通货膨胀，1982年回落到2.5%的水平，然而由于当时对经济形势和经济发展的认识不一致，也不够深刻，故当时并没有彻底治理通货膨胀。这段时期通胀周期的主要特点是时间跨度短，并且峰值比较低。此次峰值出现在1983年年末，主要原因是当时在延续1980年改革的情况下，1982年的投资增长开始加快，如在固定资产投资这一方面1983年全民所有制单位的基本建设投资就有594亿元，比1982这一年增加39亿元，同比增长了7%。其中，国家预算内的投资增长了25%，在基本建设投资方面，能源工业投资从1982年18.3%上涨了21.3%；运输邮电的投资从10.3%上涨到13.1%；教育和科研的投资从6.3%升到了7%，生产性建设的投资也从1982年的54.5%上涨到58.3%。综上，在1982—1983年这个期间，中国继续贯彻实施"调整、改革、整顿、提高"的方针，并在国民经济和社会发展两方面取得了一定成就。与此同时在投资加快的进程中，1983年全年社会总产值已经达到11052亿元，相比1982年增长了10%。当中工农业的总产值同比上涨10.2%，国民收入与1982年比增长9%。依据1983年当时国家统计局的公报，全国市场在生产发展的基础上依然表现出兴盛繁荣的形势。在1982—1983年这样的经济增长势头是比较强劲的。经济增长不仅表现在名义GDP的增速加快，也会出现真实GDP较快增长。依照国家统计局所公布的数据，中国1981年真实GDP增长率还只有5.2%，但到了1982年和1983年就各自涨到9.1%与10.9%，2年时间内增长了1倍。1983年11月CPI通胀率在经济增长的带动下增长到4.7%。

我国改革开放后有一定代表性的一次通胀周期是1984—1986年的通货膨胀周期。价格改革引起的价格闯关是此次通胀周期的主要背景，最后引致通货膨胀在1985年9月达到高点。事实上在1982年9月，在第十二次全国代表大会上中国共产党就正式确立了至20世纪末将工农业的总值翻两番的战略步骤和战略目标。进而中共十二届三中全会于1984年10月确定了社会主义商品经济的改革目标。当时，1984年的真实GDP增长率达到15.2%，而名义GDP增长率则是超过20%，1985年仍旧保持着高速增长的经济态势，因此在整个过程中，物价水平开始快速上涨， 1984年CPI通胀率从2.7%升到1985年的9.3%，1984—1986年这个期间的通货膨胀，主要呈现出过大的固定资产投资规模所引起社会总需求过剩，工资性收入的增长高于劳动力生产率上涨引起成本升高引致成本推动，跟随着社会消费需求、货币信贷投放、基建规模的扩张，出现了经济过热现象，加剧了通货膨胀。

1985年我国没有彻底治理当时发生高通货膨胀，因为不到位的宏观调控，收入膨胀、财政赤字、货币发行等现象愈演愈烈。多年的经济运行中累积的深层次问题愈发明显，如消费膨胀继续加剧、经济结构失衡、投资规模膨胀等。在1986年7月—10月暂时下降调整CPI通胀率之后，CPI通胀率在1986年下半年又重新出现攀升势头。中国到了1987年的真实GDP增长率达到11.6%，而1988年同比增长也高出11%。从1988年8月至1989年6月，

CPI通胀率不断创出历史新高，改革开放以来第一个最高记录28.4%在1989年2月创下。自1989年开始，我国实行信贷紧缩政策开始变得严厉，然而因为通胀预期以及通货膨胀自身的惯性特征在市场中普遍存在，国家没有立即抑制通货膨胀，这种状态一直持续到1990年7月。这一轮通货膨胀之后，通货膨胀的过高危害还是得到了国家的认识。所以从1988年下半年起国家就开始严格地控制银行信贷规模，连续两次提高存、贷款利率，实行居民定期储蓄存款保值补贴办法，使储蓄存款规模稳定，从而遏制消费膨胀的势头，并控制了信贷规模的扩大。同时，国家清理和严格控制固定资产投资项目，全国压缩基建规模，总共压缩固定资产投资442亿元。通过治理整顿，通货膨胀逐步得到了一定的遏制。至1990年1月，CPI通胀率已经降至低于5%，经济过热现象得到了控制，在1989年真实GDP增长率下降至低于两位数。

1980年年末，处于国家的治理整顿风潮的时候，也出现了其他问题。其中主要表现在工业生产速度大幅度滑坡、市场疲软、商品滞销。国内货币供应和信贷投放的增长速度在1989—1991年间都有较大幅度的下调。依据国家统计局公布的数据，真实国内生产总值增长率在1991年为9.2%，而在1992年真实经济增长率超过两位数，达到了14.2%，经济增长于1993年再次加速，第一季度的增速为15.1%，第二季度是16.4%，全年真实GDP增长则是13.5%，名义增长率达到31%。与改革开放以后中国的历次通货膨胀周期比，1990—1999年的通货膨胀周期是持续时间最长的一次，不但有长达106个月的周期跨度，也是唯一一次通胀下降期跨度比上升期长的通胀周期。此外，国内外经济环境在这次通货膨胀周期存在如下的特点：迅速发展的非国有经济，已经开放了大部分商品和生产要素价格，市场机制调节经济的作用越来越大，外汇机制出现较大的变化。

1990—2002年间，我国将通货膨胀基本控制在一个相对来说较低的水平，更是出现了通货紧缩的情况。中国于20世纪90年代后期开始实施有力管理固定资产投资、稳定金融秩序、加紧宏观调控等措施，在1998年年末紧缩的效果开始逐步出现。而因为政策惯性引发比较长期的通货紧缩现象以及长期通缩的潜在不良效果使管理层产生了担忧，2000年开始实施刺激经济、扩大内需的举措，适当地从通货紧缩的阴影中将当时价格变动拉出来一段时间，而由于当时银行收缩信贷供给，金融系统和商业银行实施的"惜贷"来应对坏账等做法，又推波助澜地使2001年后的通胀回落了。1999—2002年间，尽管货币供给相比较松，然而银行信贷仍是比较紧的，产生了"松货币，紧信贷"的现象，这也是1990—2000年那一轮通胀周期一直都在低位运行的特点和根本原因。

从21世纪开始，中国人民银行在经历了20世纪80年代至90年代的几次高通货膨胀时期后在应对通胀方面渐渐表现出一定的预见性。货币当局基本上还是比较准确地预见到了2002—2006年间形成的通胀周期，尤其是周期内的通胀高峰值2004—2005年这个期间。形成这一轮通货膨胀周期的原因紧密地联系中国从1998年开始开展的稳健的货币政策。虽然在2001年通货紧缩现象出现缓解，有微幅通胀，然而中国似乎被通货紧缩的阴影困扰着。虽然温和是2002—2006年间的中国通货膨胀的周期性变化的主要特征，然而此段时间以后2007—2008年通货膨胀的重要原因之一是持续的资产价格膨胀引致的"非理性繁荣"。

低通胀在2006年并没有持续太长的时间。从2007年第二季度开始，经济高速增长，与此同时，CPI通胀率出现逐月上涨的态势，从4月份的3.0%迅速增长到11月份的6.9%，在12月份微有回落。虽然2007年全年的CPI通胀率上涨幅度在5%以下，依旧属于温和的通货膨胀，然而其持续上涨的压力很大。从表层看，造成物价上涨压力增大的原因好像主要是短期内难以改善的猪肉、粮食供应短缺的局面。此外，因为中国石油需求依存国际市场的程度比较高，以及美元贬值和炒作原油期货带来的持续高位运行的国际市场石油价格，强大地推动了国内能源和原材料价格。2006年以来价格总水平上涨明显具有一定的国际背景。相比之下，这次通胀与20世纪90年代中期的通胀不同的最主要表现是膨胀的总需求、增发过多的货币与过热的经济，而投资需求不能完全拉动这次通胀，全球的供给冲击是由全球粮食、能源和石油价格上涨引致的，从而在一定程度上体现出成本推动型的通货膨胀。与此同时，因为国际大宗商品的定价权并未由中国掌握，导致国内相关企业的成本发生了较大的幅度的上升。

资产价格飞涨之后，就发生了2008年到现在的这次通货膨胀。近几年资产价格的上涨相比商品价格的上涨更加引人关注。而中国的资产价格以房价的高速上涨最为突出，在2009年，北京的房价由年初到年末翻了一倍，而政府调控房价的措施似乎没有丝毫成效。其他一些能够储藏的商品价格也大幅上升。物价普遍上涨是我国目前面临的主要局面，这其中包含商品价格的上涨和资产价格的上涨两个部分。二者中，从时间上资产价格的上涨优先于商品价格的上涨，上涨的幅度也大大地超过商品价格上涨幅度；然而在商品价格的上涨中，表现最为明显的是食品类价格特别是蔬菜价格的上涨，比其他商品的价格涨幅要高出很多。

通过以上关于我国通货膨胀演变进程的回顾，我们能够总结并比较自1979年以来历次通货膨胀的特征，主要体现在以下几个方面：

第一，90年代之前的通货膨胀都是在短缺经济下产生的，几次通货膨胀都主要源于改革性因素，价格改革是通货膨胀的主要诱因，总需求大于总供给是引起通货膨胀的根本原因。70年代以来，我国经济快速发展，但高增长也伴随着资金的高投入，这种粗放式的经济增长模式及不合理的经济结构表现为产业间比价关系不合理，导致农业发展长期滞后，重工业结构与人均收入的低水平不相适应，工业的主导地位与落后的、低效率农业之间的矛盾突出。经济效率低，只能靠连续不断地追加投入从而维持一定的经济增长速度，从而导致投资膨胀。

第二，20世纪初的通货膨胀产生于过剩经济的背景下，可能表现为价格涨幅相对平缓，也可能表现为结构性价格上涨，食品、水电燃料等项目价格明显上涨，而大部分工业消费品价格仍在下降。此轮通货膨胀相对较温和，并未对宏观经济产生强烈冲击，而本轮通货膨胀则更多地体现了转型期发展中国家的特征。随着市场化进程的逐渐深入，不合理的经济结构逐渐成为经济发展的掣肘。工业化和城市化的加速对农产品和社会基础设施的需求迅速增加，农业、原材料和能源等基础产业发展相对滞后的矛盾日益突出，形成供给瓶颈。农产品、原材料和能源的价格便随着需求的迅速增加而上涨，并传导到下游行业，推动一般价格总水平的上涨，逐渐形成通货膨胀。

第三，价格传导机制发生新的转变。自2002年10月开始，出现了工业品出厂价格持续较快上涨，但居民消费价格并未出现明显的同步上涨。显然，价格传导机制较以往出现了新的转变。从供给角度，工业品出厂价格指数（PPI）很大程度上决定着居民消费价格指数（CPI）。1996年之前，PPI与CPI走势基本一致且传导效应明显。居民消费价格指数与工业品中生活资料出厂价格指数相关程度非常密切而且基本没有时滞。1996年之后，我国供求关系出现了逆转，由总体上供不应求转变为供过于求，加上引起价格上涨的因素和市场主体的经营方式也发生了变化，下游产品间的价格传导关系出现了新变动（见附录表A.1）。在市场经济条件下，商品的供求状况、供求弹性和产业链条的长短直接决定着上游商品价格上涨能否传导到下游。一般地说，供求弹性小和供求衔接较好的产业，其传导效应比较明显。相反，在供过于求或供求弹性大的领域，上游对下游的价格传导只有通过较长时间的供求关系的变动来实现。而我国目前大部分工业消费品供过于求，其传导过程具有明显的不确定性。2003年以来由于上游商品价格的持续高位运行，致使2004年前8个月主要耐用消费品价格降幅呈逐月缩小的趋势，表现出了一定的传导性特征。但由于市场竞争加剧，进入三季度后，这种趋势就停止了。因此，从近年来的价格运行趋势看，我国上、中、下游商品价格走势基本同步，但涨幅却依次明显缩小，价格传导效应可能在某些环节显现，从而延长传导时滞。

二 2008年至今此次通货膨胀及其特征

本轮通货膨胀起始于2006年下半年，主要表现为粮油蛋等食品价格的飞涨，这种经济过热和通货膨胀开始也是局部的和温和的，但后来逐渐转变为全局性的，在政府推出紧缩的货币政策后不久遭遇到世界经济危机，导致2008年出现经济萧条，使得国内居民消费价格指数CPI在经历了连续9个月的负增长之后，2009年11月以来CPI指数又重新呈现出上涨趋势，进入2010年后通货膨胀压力不断显现，主要是由食品和居住类价格上涨带动的。本轮通货膨胀呈现如下特征：

第一，通货膨胀逐步加深，从结构型通货膨胀到全面的、严重的通货膨胀。尽管到2007年下半年，社会各界广泛承认我国已经出现通货膨胀，但大多数人仍然坚持这种通货膨胀是温和型的，并且是结构型的。由于代表生产品物价水平的PPI与代表消费品物价水平的CPI之间出现了明显的背离趋势，因此，当时的通货膨胀大体上还是属于结构型的。但不可忽视的是，2007年下半年以来，物价上涨无论在幅度上还是范围上都呈现出不断加剧的趋势，从而导致结构性通货膨胀演变为全面性通货膨胀，主要表现在两方面：一方面是食品类价格上涨的拉动效应越来越显著，另一方面是能源价格上涨的传导效应越来越明显，工业消费品生产企业面临巨大的成本推进涨价压力。

第二，宏观调控政策中途出现转折致使通货膨胀压力跳跃延续。2007年我国经济面临的挑战是通货膨胀持续上升以及总体经济存在过热的风险。2008年宏观调控部门出台了一系列的密集调控措施。财政政策方面，扩大政府采购范围，同时采取扩大内需、促进经济增长的十项措施等。货币政策方面，央行连续6次上调存款类金融机构人民币存款准备金率，达到17.5%的历史最高位。但是，随着美国次贷危机转化为全球性的金融危机之后，全球经济形势出现逆转，各大央行纷纷采取保经济增长的宽松的货币政策，中国人民银行连续5次下调一年期存贷款基准利率至2.25%，总降幅达2.16个百分点。当前中国通货膨胀面临的主要特点是，在2007年第一轮通货膨胀还未完全治理的情况下，由于金融危机的影响导致的宏观调控政策逆转致使本轮通货膨胀压力跳跃延续，其影响不可估量。

第三，居民对未来通货膨胀预期逐渐增强。一般来说，通货膨胀预期往往比较隐蔽，并且在理性预期的基础上会存在短期的非理性因素，这都会对居民消费、投资产生影响，从而影响未来的真实通货膨胀率。我国经济在2007年运行到本轮经济周期的波峰，2008年进入收缩阶段，2009年完成本轮周期的筑底，2010年将步入新一轮周期的扩张阶段。随着2010年4万亿刺激经济计划资金的第二轮投放，市场发展后劲十足，由于近期粮油豆等食品价格的上涨，人们对通货膨胀稳步增加的预期增强。

三　经验教训与政策启示

针对物价上涨和持续的严重形势，我国政府应科学借鉴国外反通胀的先进经验，着眼我国国情，适时调整发展节奏和调控政策，建立和完善公共政策框架体系，合理进行政策叠加，促进国民经济平稳较快发展。

第一，要推进经济结构调整和增长方式转变。调整优化经济结构，加快转变经济发展方式是治理通货膨胀的根本方法。一是要抓好"三农"工作，统筹推进城镇化和新农村建设，稳定粮食生产，农民持续增收。要加快构建和完善以生产销售、科技信息和金融服务为主体的农村生产生活服务体系，要加快发展服务业，促进服务业与现代制造业有机融合。要推进区域经济协调发展，加强对革命老区、民族地区、边疆地区和贫困地区的支持。二是积极推进产业调整，加大企业技术改造，全面提升产品质量。要大力发展战略性新兴产业，抢占经济科技制高点。要支持和促进中小企业发展，打破行政垄断和行业垄断，切实放开民间投资的准入领域，合理引导巨量民间资本进入实体经济领域。三是要改变主要靠投资、出口为导向的经济发展战略，要致力于扩大就业，继续加强房地产调控，加大保障性住房供给力度，遏制房价增长过快，要加快收入分配制度改革，着重提高中低收入家庭生活水平，缓解贫富分化，切实保障和改善民生，引导消费，发挥拉动经济的核心作用。

第二，要实施审慎的宏观政策，保持经济平稳增长。在我国，粗放型经济发展模式已经不再具有长远优势，经济结构调整刻不容缓。从各国的经验来看，唯有经济平稳发展，通货膨胀水平才有可能保持在一个合理的范围。因此。确保经济稳步发展是防治通货膨胀的一个必要条件。

第三，要适时引入通货膨胀目标制。借鉴新西兰、加拿大、英国等国的经验，在继续完善央行独立性建设、汇率改革和责任建设的基础上，适时引入通货膨胀目标制这一货币政策框架，发挥其稳定预期与目标明确的优点，解决相机抉择货币政策中的时间不一致性问题。同时，吸取金融危机的教训，改变通货膨胀目标制单纯钉住CPI的方式，将资产价格纳入货币政策考虑的因素，构建一个包含股票、债券、土地等资产的广义物价指数，提高我国货币政策的前瞻性与有效性，以成功控制通货膨胀率，实现价格的长期稳定与经济的平稳发展。这一部分将在第七章中详细阐述。

第四，要合理进行通货膨胀预期管理。随着我国市场化程度、公众对政府的信任程度、公众对经济常识及运行情况的了解程度的不断提高，通货膨胀预期对我国通货膨胀会产生实质性的影响，因此，要将通胀预期纳入货币政策制定范畴。一是提高货币政策的明确性和透明度，结合通货膨胀目标制的要求，给公众指明恰当的预期方向，稳定和合理引导公众实施各类经济行为，并谨防通货膨胀预期过度；二是在宏观经济政策设计中加入通货膨胀预期管理政策，切实关注不同人群的预期差别，科学建立不同人群的通货膨胀预期数据库，并实施分类管理。

第五，加快人民币汇率改革和国际化进程。一是完善人民币汇率形成机制，合理扩大人民币汇率浮动范围，在升降交错中，实现人民币有序升值，寻求遏制通胀压力与减轻经济增长放缓之间的动态平衡；二是推进人民币跨境贸易结算，积极实施人民币"走出去"战略，减少对外投资的限制；三是适度增加我国在国际货币基金组织中的资本份额，提高地位、话语权和影响力，同时，加大同发展中国家合作，共同遏制国际货币体系中心国家滥发货币、转嫁经济危机的行为。

第二节　货币政策框架、规则及其特点

传统的货币政策框架包括货币政策工具、操作目标、中介目标和最终目标，以及保证该体系成功运行的制度安排和具体措施。货币政策规则是货币当局实施货币政策操作的程序或原则，不同货币政策规则对应于不同的货币政策操作方式，反映了特定操作方式下货币当局的系统性行为。尽管货币政策效果依赖于传导机制，但实际上货币当局只能承诺并保证对某个层次的目标负责，基于此，可将货币政策规则区分为为操作目标规则、中介目标规则和最终目标规则。通过研究比较不同货币政策操作方式下所能实现的最优均衡结果，可以对不同的货币政策规则作出评价。

规则是一种预先确定的系统性方案，其目的是为货币政策的制定和执行提供一个名义锚，从而避免货币政策的时间不一致问题。名义锚是指导货币政策操作和稳定公众预期的名义金融变量，从纯技术的角度看，名义锚通过约束货币的国内价格来稳定通胀预期，从而有助于稳定价格。规则的表现形式有多种，从对货币政策操作的约束方式来看，可以分为目标规则和工具规则。目标规则事先规定货币当局目标变量的目标值；工具规则规定货币当局为实现变量目标值而必须使用的工具变量及操作工具的具体方式。中介目标规则规定中介目标必须达到的范围，如利率目标、汇率目标、货币数量目标等；最终目标规则没有规定中央银行使用何种中介目标，但规定中央银行必须实现货币政策的某一最终目标，如通胀目标等。比较而言，目标规则所确定的目标值更容易为公众所理解和接受，便于货

币当局与公众的沟通，有利于稳定公众预期，同时围绕实现目标值而实施一系列制度保障使得目标规则更接近于一种政策框架；工具规则则在目标规则的政策框架内约束货币当局的政策行为，在消弱货币政策通胀倾向的同时，工具变量的选择和有章可循也使得货币政策具有可操作性。

大致而言，规则性的货币政策包括汇率目标规则、货币数量规则、名义收入目标规则、利率规则和通胀目标规则等。本节试图通过比较这些货币政策规则来考察利率规则和通胀目标规则的相对特点。

一　汇率目标规则

汇率目标制从金本位时代到布雷顿森林体系时代一直在各国货币政策实践中占据主导地位，布雷顿森林体系之后，大部分发达国家实行浮动汇率制，少数发达国家（如英国和法国）、大部分发展中国家和新型市场经济国家实行固定汇率制或介于固定汇率制和浮动汇率制之间的某种汇率制度安排，如钉住汇率制。这样的汇率制度安排要求中央银行维持本国货币和"锚"国家货币的固定比价或只允许汇率在很小的范围内波动，并承诺以这一比价无限量地进行本外币交易。它包括两种形式的钉住：一是将本国货币价值与规模较大且通胀率较低的国家的币值固定在一起，以使本国的通胀率随着被钉住国的通胀率的变动而变动；另一种是爬行钉住，允许本币以稳定的速度贬值，以使本国的通胀率高出被钉住国的通胀率。汇率目标制的初衷是以本国货币钉住某一大国的强势货币，通过维持与"锚"国家货币的固定比价，控制国内的货币存量，维护本国货币的币值稳定和稳定通胀预期。

汇率目标制的优点为：（1）可以避免浮动汇率制下汇率波动对国际

贸易和国际投资的不确定性影响；（2）通过与低通胀国家的名义汇率保持稳定，提供了一个降低通胀的机制，如果汇率钉住是可信的，这意味着通胀预期被锁定在被钉住国的通胀上，当国内货币当局缺乏信誉度时，通过承诺与某个低通胀国家的货币保持固定名义汇率，可以增强货币当局的信誉度，从而稳定国内通胀预期；（3）通过提供一个货币政策操作的自动规则来避免时间不一致问题；（4）用汇率做名义锚，简单清晰，容易被公众理解，有助于引导公众通胀预期。

然而，实施汇率目标规则也存在严重缺陷。（1）由蒙代尔—弗莱明的"不可能"三角定律，汇率目标政策往往要以丧失本国货币政策自主性为代价。在汇率目标制下，汇率钉住国的利率与被钉住国的利率密切相关，本国货币增长将受到被钉住国货币增长的制约，因而国内利率变化与目标国利率变化绑定，结果使本国货币当局无法利用货币政策工具来应对国内经济冲击。比如，国内需求下降，国内货币当局却可能无法通过降低利率来应对，汇率目标制使得被钉住国的任何冲击都会直接通过利率传递到钉住国。（2）由于必须维持汇率目标，国内货币当局应对经济冲击的能力受到限制，从而使一国货币容易受到投机性游资的攻击。（3）在汇率目标制下，汇率不再是反应货币政策态势的指标，而在某种程度上成为货币政策目标，这就使中央银行对已经采取的过分扩张的措施往往难以察觉（Mishkin，1997）。在资本自由流动的情况下，为稳定汇率，货币当局可能要耗费大量外汇储备，同时，频繁地变动利率会造成"工具不稳"现象，增加实际产出和就业的波动。对工业化国家，钉住名义汇率最大的成本是丧失货币政策的独立性，而对新兴市场国家来说，钉住汇率制度存在更为严重的问题。Mishkin（2004）强调，新兴市场国家由于大量外币债券的存在、金融体制的不完善以及货币当局缺乏稳定物价的经验，一旦固定汇率被投机者击溃，将会给本国带来灾难性的后果。

因此，尽管在过去几十年中可调整的钉住汇率制度非常盛行，但随着国际资本流动日益频繁，开放经济体实行这种制度的风险也越来越大，迫使许多开放型经济体不得不放弃汇率目标制而转向其他名义锚。1991年，在遭受了国际资本攻击而出现货币危机之后，长期以来采用可调整的钉住汇率的国家中有一半都被迫放弃了这种制度，英国、瑞典也在其中；1997年东南亚金融危机之后，韩国、泰国、菲律宾等也都放弃了汇率目标制度，转而实行浮动汇率的通胀目标制。

二 货币数量目标规则

1971年布雷顿森林体系瓦解，许多发达国家放弃固定汇率目标，转而将货币总量目标作为货币政策的"名义锚"，实行固定货币供给增长率单一规则的货币数量目标制。货币数量目标制钉住的是货币总量的增长路径，按照弗里德曼的不变的货币增长率规则，如果货币增长速度保持不变或可以预计，货币总量的增长目标可以保持名义收入的稳定增长，因而可以实现长期的价格稳定。长期来看，通胀是一种货币现象，假定一个或几个货币总量指标与一般价格水平之间存在稳定关系，就可以把货币总量作为货币政策的中介目标，因为实现了货币总量目标，也就可以间接地实现与之相应的通胀目标。

货币数量目标制的优点为：（1）货币当局能够独立实施货币政策来应对国内经济冲击；（2）通过事先公布一个货币数量目标，公众可以通过实现值与目标值的对比来评价货币政策执行效果，从而可以有效地约束货币当局的货币政策行为，有利于加强货币当局的责任心；（3）与汇率钉住一样，货币总量的增长率提供了一个简单、清晰、容易被公众理解的名义锚，使货币总量可以在短期内被准确预测且可以定期公布。因此，货币数量目标制可以向公众和市场发出近乎实时的关于货币政策取向和政策制定者控制通胀意图的信号，这些信号反过来有助于稳定通胀预期和降低通胀率。

然而，货币数量目标制是否有效依赖于三个基本前提。一是目标变量（通货膨胀）和目标总量之间必须存在稳定关系，这一稳定关系决定了货币供应量的有效调节作用，这时的货币供应量目标等同于通胀目标（Svensson，1997）。货币供应量与货币政策最终目标之间是否存在稳定关系取决于货币流通速度、基础货币乘数以及短期利率与货币供应量之间的关系。20世纪80年代以来，金融创新和资本流动自由化使得货币乘数日益不稳定，货币供应量与最终目标之间的关系弱化，许多工业化国家开始放弃调控货币供应量目标；同样，发展中国家也出现了货币供应量与价格之间相关性下降的现象（Mishkin和Savastano，2000）。货币供应量的内生性使其不再成为准确分析货币政策态势的可靠信号，同时也给货币当局降低透明度和责任心提供便利和借口，从而损害了货币当局的可信度。二是货币流通速度、货币增长速度以及货币需求是稳定和可预测的，这要求对影响货币需求的各种因素有充分信息，但随着金融工具和体制的创新，货币供应量的度量口径不断发生变化，货币供应量所包含的信息越来越有限。三是目标货币总量可以为中央银行控制。随着货币供应量的可控性越来越差，与最终目标间的关联度日趋不稳定，结果导致其所包含的对未来通胀信息较少，以至于货币供应量不再适宜充当预测未来通胀的有效指标。

与货币供应量目标制主要关注货币供应量这一中介目标相比，通胀目标制的优点之一就是充分利用一切有助于未来产出和通胀率预测的信息。

在实行通胀目标制的大多数国家，货币供应量虽然仍是货币当局密切关注的一项重要中间指标，但货币当局还同时关注社会总需求与总供给状况、利率与汇率变动、市场的通胀预期以及各种价格指数等对未来产出和通胀率有重要影响的更多信息指标。

三 名义收入目标规则

在20世纪90年代初，名义收入目标备受理论界和实践界关注，并一度被认为是最合适的政策目标（Hall和Mankiw，1993）。保持名义收入平滑的货币政策有其坚实的微观经济基础，按照货币中性理论，名义收入的平滑增长意味着一条水平价格路径，即名义收入目标与均衡实际收入水平的比率。在均衡产出不出现异常的情况下，该政策能使价格水平保持稳定。曾被Hall（1984）称之为"弹性价格目标"的名义收入目标政策是一个很宽泛的政策，该政策事先设定一个基本的价格目标，但允许其在目标值到失业率偏离均衡水平的范围内波动。通常，名义收入目标制有两种形式，即名义收入增长率目标和名义收入水平目标。

在近期文献和政策中，名义GDP目标钉住政策不再受到关注。主要原因是：第一，对中央银行的预测和判断能力提出了较高的要求，这往往在短期内很难有较大提高；第二，如果实际GDP的增长趋势发生变动，该规则就不能再提供一个精确的名义锚；第三，当遇到供给冲击时，价格被抬高，产出水平下降，而名义收入却仍可能保持在目标水平附近；第四，名义GDP目标规则会使货币政策受到约束，例如，货币政策依据通胀率和实际GDP增长率来调整利率，当经济刚从衰退中恢复过来时，名义GDP增长率会很高，但仍然远在完全生产能力之下，而此时名义GDP增长率高于目标值，根据目标规则，中央银行必须调高利率，在这种情况下，货币政策就会抑制经济复苏。

四　利率规则与通胀目标规则

名义利率作为名义锚源于凯恩斯理论，货币当局通过变动货币供应量来调节利率，进而通过利率渠道影响投资，最终影响产出和通胀率。钉住利率的优势在于其可控性、可测性以及相关性方面的优势。首先，短期名义利率容易控制、数据易得，并且与货币政策目标之间的相关性较强；其次，利率变动反映了货币供求状况的相对变化，利率上升表明银根紧缩，反之则表明银根放松。80年代以后，大多数工业经济国家（美国以及主要OECD国家，瑞士除外）的中央银行都摒弃了通过干预货币市场来实现目标货币供给量水平的做法，而是普遍地代之以实现短期利率的目标水平。以美国为例，联邦储备委员会的做法就是预先按照特定的利率规则制定出联邦基金率的目标水平，然后再通过影响商业银行的准备金来实现基金率的目标值。这时，短期利率充当的是货币政策中介目标的角色，但是由于其能够被严格地控制，而且如果中央银行能够直接控制短期利率，那么货币需求冲击的可预测性的重要性就变得微乎其微[1]，因此，在近期的许多货币经济学文献中，模型分析都开始转向以短期利率作为货币政策工具的假设上[2]。

1　货币需求冲击的可预测性对于以货币供给作为货币政策工具的选择来说是非常重要的。Poole[1970]证明，经济的随机结构——不同冲击类型的相对重要性——决定了最优货币政策工具的选择。如果货币需求在短期内极不稳定且难以预测，那么保持短期利率不变相对于保持货币供给不变会更有效地平滑产出；如果短期不稳定主要来源于总需求冲击，那么保持货币供给不变对平滑产出而言会更加有效。

2　这种假设并非意指中央银行能够直接控制短期利率变量（公开市场操作才是中央银行的实际货币政策工具），而是指对于模型的分析而言，直接控制与间接控制之间的误差并不显著，使得货币经济学家可以忽略准备金市场，而直接代之以上述假设。

利率作为名义锚的关键在于确定短期名义利率的调整目标。Taylor（1993a，1993b）首先提出了Taylor规则，将短期名义利率作为产出缺口和通胀率的线性函数，认为这一线性规则能够很好地反映八十年代中期以后美联储的政策行为，若当期产出缺口和当期通胀率发生变化时，货币当局可以依据Taylor规则以相对较低和相对较高的幅度调整短期名义利率。Taylor规则的提出将货币经济学研究的焦点从货币供给数量转移到利率规则上面，之后，货币经济学家在Taylor规则基础上进一步提出了惯性利率规则（Giannoni和Woodford，2003a，2003b）、理性预期利率规则（Clarida、Gali和Gertler，1997）、LWW利率规则（Levin，Wieland和Williams，2001）等。利率规则的研究和完善不仅有效约束了相机抉择的货币政策行为，而且直接以规则形式给出了货币政策工具的具体形式和调控目标，使货币政策具有可操作性且操作程序化，因而，利率规则与货币数量规则一样，都属于工具规则。

1990年通胀目标制的出现以及之后通胀目标制在各国货币政策实践中取得的良好政策效果使通胀目标规则又成为理论界研究的焦点。与其他政策规则相比，通胀目标规则通过钉住通胀率和明确承诺预期通胀率的目标值和目标区间，提高了货币政策的透明度、信誉度和独立性；同时，货币当局在实现预期通胀目标过程中的努力和表现也更易为公众直接观察，有利于提高货币当局的责任心；货币当局还可以定期与公众进行交流，公布近期货币政策策略、通胀目标的实施情况和目标效果等，有利于减少货币政策、利率和通胀率的不确定性，有利于私人部门的投资规划；在面临货币政策失误时，通胀目标规则的经济成本更低，例如，汇率目标的政策失误会导致外汇储备大量损失、高通胀率、金融和银行危机以及其他可能的债务违约等成本，相反，没有达到通胀目标而引起的政策成本则只限于暂时高于目标的通胀率和暂时的低产出率，可以通过提高利率将通胀水平降至原来的目标水平。

当然，对通胀目标规则也有持不同意见者，认为通胀目标规则缺乏可操作性、容许过度相机抉择、可能导致产出不稳定、可能降低经济增长速度。但这些反对观点无足轻重，因为良好的通胀目标制是一种受约束的相机抉择。由于通胀本身难以控制，并且货币政策工具和通胀目标之间也存在滞后效应，因而通胀目标规则可能会降低货币当局的责任心，这一点对于新兴市场经济国家是一个严重问题。同时，通胀目标规则还要求汇率波动，可能引发金融动荡，这也是新兴市场经济国家面临的重要问题。经验分析表明，实行通胀目标制的国家相对于未实行通胀目标制时能够实现较低的长期通胀率，但仍然高于实行其他货币政策体制的工业化国家。虽然中央银行的独立性在通胀目标制下得到了强化，但通胀目标制下的货币政策越来越强调通胀，因而中央银行的独立性也变得越来越难以维持（Bernanke 和 Gertler，1999；Cecchetti和Ehrmann，2000）。尽管通胀目标制在某些国家取得了成功，但并不是包治百病的灵药，它仍然要求一些配套的体制建设，例如降低财政政策的优先性和使金融体制更健全。因此，通胀目标制有效的关键在于预期通胀目标值和目标区间的确定、货币决策制度和法律保障以及可操作的最优政策工具的选择。前两个方面属于通胀目标制的制度架构，第一个方面明确了货币政策应当钉住通胀率或预期通胀率，并向公众宣布通胀率目标且承诺实现这一目标，第二个方面保证货币政策决策的独立性、透明度和货币当局的责任心，使得货币当局免于外部压力而实现之前对公众的承诺，这两个方面共同构成了通胀目标制的对外核心。第三个方面属于通胀目标制的对内核心，即通胀目标制的最优利率规则。Giannoni和Woodford（2003a，2003b）、Woodford（2003）

以工具规则和目标规则为出发点，在线性理性预期模型（LRE）的分析框架内，证明了在一定假设条件下利率规则和通胀目标规则是可以相互等价转化的，从而中央银行可以依据通胀目标规则对外向公众宣称一期或几期的预期通胀率目标值，对内则按照利率规则调整短期名义利率来实现通胀目标规则。最优利率规则使得通胀目标制成为一种规则化导向的制度，一种"带约束的相机抉择制度"。

第三节　货币政策工具规则——线性
理性预期模型（LRE）

　　Taylor规则开创了利率规则研究的先河，后续的货币经济学家则致力于研究各种约束条件下的最优利率规则和最优目标规则，例如利率平滑约束、通胀惯性约束、非对称性约束、流动性过剩约束等。利率规则研究通常以新凯恩斯主义的动态随机一般均衡（DSGE）模型为分析框架。DSGE模型不仅具有坚实的微观基础，而且其结构性特征使其能够避免Lucas批判（Lucas，1976），因而经济学家们开始纷纷转向DSGE模型的研究并着手对其进行计量检验、结构参数估计和脉冲响应分析。对此，理论界一个基准做法是将DSGE模型中最优消费决策Eulor方程和垄断竞争厂商均衡定价决策方程进行泰勒展开，取其一阶线性泰勒展开式作为近似方程，并结合线性化的利率规则，从而将DSGE模型转化成LRE模型（近似线性化的DSGE模型）。LRE模型简化了利率规则的分析框架，并且可以使其相对容易地扩展至更为复杂的情形。既然利率规则是通胀目标制的对内核心，那么自然而然，LRE也就成为通胀目标制的理论模型框架，例如，Giannoni和Woodford（2003a，2003b）、Woodford（2003）就是在LRE模型框架内分析了通胀目标制的最优利率规则。

　　LRE模型包括目标函数和约束条件。传统LRE模型的目标函数为不考虑均衡利率的二次随机累加折旧社会损失函数，具有如下形式：

$$E_{t_0}\left\{\sum_{t=t_0}^{\infty}\beta_0^{t-t_0}\left[\gamma_y\left(y_t-y^*\right)^2+\left(\pi_t-\pi^*\right)^2\right]\right\} \tag{3.1}$$

其中，y_t实际产出水平偏离均衡产出水平的百分比（即产出缺口），π_t为通胀率，y^*（$y^*\geq 0$）为产出缺口的目标水平，π^*为通胀率的目标水平且通常简化为0，t_0为政策决策初始期，决策期限为无限水平，参数γ_y为货币当局对实际产出偏离其目标水平的意愿程度，$0<\beta_0\leq 1$为社会贴现因子。

依据（3.1）得出的最优政策规则为目标规则，尽管可以据此对外向公众宣称预期通胀目标，但为实现这一目标，货币当局实际调控的还是短期名义利率。为此，可将目标规则代入包含名义利率的约束方程得到相应的利率规则，但这一利率规则是不稳健的，结果，依据利率规则对名义利率的实际调整值与依据目标规则得出的理想调整值存在显著偏差，因而利率规则在实际中具有"不可操作性"。实际上，名义利率的实际调整值与理想调整值之间的偏差过大会导致名义利率对均衡利率过度偏离，最终会导致产出缺口和通胀率的不稳定，因而应将名义利率也作为货币政策的目标变量。这样，考虑均衡利率的二次随机累加折旧社会损失函数的形式为：

$$L_t=E_{t_0}\sum_{t=t_0}^{\infty}\beta_0^{t-t_0}\left[\left(\pi_t-\pi^*\right)^2+\left(y_t-y^*\right)^2+\gamma_i\left(i_t-i^*\right)\right]^2 \tag{3.2}$$

其中，i_t为短期名义利率，i^*为短期名义利率的均衡值，参数γ_i为货币当局对名义利率偏离其均衡水平的意愿程度。

依据（3.2）得出的稳健最优利率规则虽然可操作，但却是条件承诺的，而不是时间一致的，中央银行最终会偏离当初承诺的规则形式，从而表现出通胀倾向。为使最优利率规则是时间一致性的，Giannoni Woodford（2003a）基于无穷远视角的观点给出了时间一致性标准，这时，（3.2）可以修正为：

$$L_t = E_{t_o} \sum_{t=t_o}^{\infty} \beta_0^{t-t_o} \left[\left(\pi_t - \pi^* \right)^2 + \left(y_t - y^* \right)^2 + \gamma_i \left(i_t - i^* \right)^2 \right] \qquad (3.3)$$

然而，（3.3）是（3.2）的上确界，因而时间一致的利率规则并非优于条件承诺的利率规则。基于此，艾洪德、郭凯（2007）进一步提出了完全时间一致性标准，即在时间一致性标准的基础上规定社会贴现因子等于1，其所对应的社会损失福利函数具有随机稳态的形式：

$$L_t = \left(\pi_t - \pi^* \right)^2 + \gamma_y \left(y_t - y^* \right) + \gamma_i \left(i_t - i^* \right)^2 \qquad (3.4)$$

（3.4）即为完全时间一致性标准下基准LRE模型的目标函数。

基准LRE模型的约束条件包含了两个基本方程：IS曲线方程和菲利普斯曲线方程。这两个约束条件分别具有下面的形式：

$$y_t = \varphi_0 (i_t - E_t \pi_{t+1}) + E_t y_{t+1} + \varepsilon_{g,t} \qquad (3.5)$$

$$\pi_t = \lambda y_t + \beta E_t \pi_{t+1} + \varepsilon_{u,t} \qquad (3.6)$$

显然，（3.5）和（3.6）反映了新凯恩斯主义的基本思想，即暂时的名义价格刚性会在短期内引起货币的非中性。

（3.5）是由标准的消费Eulor方程对数线性化得来的，它与传统的IS曲线方程最大区别在于当期产出不仅取决于利率，而且取决于预期产出，由于消费者具有平滑消费的意愿，因而较高的预期产出会增加当期产出；当期产出与利率之间的负相关系数φ反映了跨期消费替代的利率弹性，显然，利率弹性变小会弱化当期产出与短期利率之间的负相关关系；由于模型没有投资，因而产出等于消费加上一个外生过程，这一外生过程可以被解释为政府支出变化或偏好变化，这些外生过程对Euler方程的净影响都被包含在需求冲击$\varepsilon_{g,t}$中。（3.6）是对所有垄断竞争厂商均衡定价决策的对数近似，每一个厂商都面临一条对其差异产品的向下倾斜的需求曲线；产品价格是黏性的，这是因为名义价格存在二次调整成本（quadratic adjustment costs），或存在Calvo黏性，即只允许一部分厂商调整其产品价格；产品价格的动态特征体现了通货膨胀与产出的正相关关系，斜率为λ，$0<\beta\leq1$为私人贴现因子；生产边际成本的外生移动都被包含在供给冲击$\varepsilon_{u,t}$中[1]。

由于目标函数是二次损失函数，约束条件均为线性方程，因而可以运用拉格朗日最优化方法求解最优利率规则。首先建立一个拉格朗日函数，然后对其取一阶导数即可。最优利率规则是线性的，具有如下形式：

$$i_t=\rho_1 i_{t-1}+\rho_2 i_{t-2}+\psi_1\pi_t+\psi_2 y_t+\psi_3 y_{t-1}+\varepsilon_{i,t} \tag{3.7}$$

其中，ρ_1、ρ_2、ψ_1、ψ_2、ψ_3为反应系数，$\varepsilon_{i,t}$为货币政策冲击。最优利率规则的线性形式是由二次损失函数和线性化的约束条件决定的。如果约束条件是非线性的，例如非线性的菲利普斯曲线，则需要运用离散情形的动态规划最优化方法求解最优利率规则，且最优利率规则必然是非线性的。理论文献和经验文献已展开诸多关于非线性利率规则的研究，例如在LRE模型中引入非线性菲利普斯曲线、在线性利率规则中引入平滑转移函数等，典型文献有Eric Schaling（2004）、赵进文、闵捷（2005a，2005b）、欧阳志刚、王世杰（2009）、刘金全（2009）等，这些研究在利率规则方面处于前沿且代表了利率规则研究的未来发展方向。郭凯、孙音（2011）基于流动性过剩的稳健最优利率规则的研究中，其反应系数是流动性过剩的函数且随着流动性过剩的变化而变化，尽管流动性过剩因子是作为一个外生随机变量引入LRE模型中，但反应系数可变意味着稳健最优利率规则也是非线性的。

1　$\varepsilon_{g,t}$和$\varepsilon_{u,t}$均服从白噪声过程。

显然，形如（3.7）的利率规则是目标经济变量的线性函数，利率规则是内生反应规则。ρ_1、ρ_2、ψ_3的值不为零意味着利率规则具有惯性特征；$\psi_1>1$意味着名义利率对通胀率的反应是积极的，$0<\psi_1<1$意味着名义利率对通胀率的反应是消极的，$\psi_1<0$意味着名义利率对通胀率的反应是超消极的，同理可以应用于名义利率对产出缺口的反应。在通胀目标制下，利率规则是对内表现为实际操作规则，对外则表现为通胀目标规则。与（3.7）相一致或可以等价转化的通胀目标规则也具有线性形式：

$$\sum_{j=0}^{n}\omega_{\pi,j}E_t\pi_{t+j}=\theta_1 i_{t-1}+\theta_2 i_{t-2}+\theta_3\sum_{j=0}^{n}\omega_{y,j}E y_{t+j}+\theta_4 y_{t-1} \qquad （3.8）$$

其中，n为通胀预期期限，通常采用4或5。这时，央行可以依据（3.8）对未来1至n期的通胀率作出预测，以此来确定对外承诺的预期通胀目标制或目标区间。尽管目标规则中包含了产出缺口的预期值，且产出缺口与通胀率存在权衡关系，但一般而言，$\theta_3<<1$，因而在产出稳定和价格稳定之间，央行更偏好于后者。通胀目标值或目标区间的设定将在下一节中细致讨论。

第四节　通货膨胀稳定性与最优通胀率

中央银行货币政策直接作用于通货膨胀稳定性。Woodfood（2003）认为货币政策追逐合理的通胀目标能够引起通胀稳定性的改变，通货膨胀的稳定性不仅与货币政策本身有关系，还和内生的市场微观结构相关。CEE（2005）从黏性价格、黏性工资、名义刚性、调整成本等因素对微观结构与通货膨胀稳定性进行了分析。SGU（2006）从财政和货币政策合作机制的视角运用Ramsey最优政策对通货膨胀稳定性进行分析，认为政策能够影响通胀稳定性，进而引起福利损失，同时通胀稳定性的变化也能够影响最优通货膨胀率。因此，宏观经济政策的目标不仅要保持合理的最优通胀率，还要保持合理的通胀稳定性，一方面可以利用政策工具进行反周期的有效刺激，避免经济进入过度萧条，另一方面，通过观测通胀稳定性来维持合理的政策刺激，保持整个宏观经济的稳定性。

一　正的稳态通胀的成本与收益

名义利率零边界是当前全球范围内的经济衰退及危机特征的一种解释。有学者建议，当前中央银行应该考虑允许设定更高的通货膨胀率，而不再是几年前设定的认为合理的通胀率了。本章将致力于结合新凯恩斯模型中正的稳态通货膨胀与名义零利率下限，运用损失函数推导出非零稳态通胀的效应，从而奠定福利分析的研究基础。结果发现，稳态通胀通过三种直接渠道来影响福利水平：稳态效应、效用函数中的相关系数的变化幅度以及模型的动态变化。即使采取各种方法来降低正的稳态通胀的成本或提高其收益，最优通胀率也是低的，最优的年通胀率是少于两个百分点的。

量化最优通胀率对于政策制定者是至关重要的，可是现代货币模型，即新凯恩斯框架，已经不能完全、适当地解决该问题，因为这些模型都无一例外地依赖于零稳态通胀的假设，特别是在福利分析当中。这一部分的主要创新之处在于提出了福利分析正的稳态通胀的含义，它能够解决劳动力作为单一因素的新凯恩斯模型中具有微观基础的损失函数问题。我们区分了两种价格分散产生的正的趋势性通胀成本：第一，稳态效应。随着交错价格设定，更高的通胀水平引致更高的价格分散，导致公司间无效率的资源分配，从而降低总福利水平；第二，正的稳态通胀会提升一定数量通胀变动性的福利成本。这也反映了通胀波动性会产生交错价格设定中的相对价格扭曲的事实。既然正的趋势性通胀已经产生了无效的价格分散，由通胀冲击产生的额外相对价格扭曲变得成本更加高昂，这是由公司必须补偿给工人越来越高的劳动边际负效用造成的。除了来自相对价格分散的两项成本之外，模型中通货膨胀的第三项成本来自于定价决策中通胀的动态效应。当黏性价格的公司能够重设价格时，更大的稳态通胀将导致更前视的行为，因为相对重设价格的逐渐贬值能导致比零通胀以下更大的损失。结果，通货膨胀则更具变动性从而降低了总福利水平。在通胀水平与变动性之间的正相关关系引致的通胀成本已经被实证很好地印证了，但两者关系来源的问题，在数量分析的大多数情况下都被忽略了，就如同通胀的前两项成本一样，当人们采用正的稳态通胀时，新凯恩斯模型中的成本增加是具有内生性的。

模型中正通胀的主要收益是到达利率零边界的递减频率。正如

Christiano et al（2009）所强调的，达到零边界会引致通货紧缩机制，将导致波动性加大以及巨大的福利损失。更高的通胀稳态水平意味着更高的名义利率水平，因此零边界发生的比率减少。Bodenstein et al（2009）提出了一种零边界条件建模的方法，与Christiano.et al（2009）、Eggertsson和Woodford（2004）提出的方法不同的是，该种方法能够求解零边界内源性的持续时间。这种方法非常重要，因为通货膨胀的福利成本是一个关于通胀和产出变动性的函数，本身就依赖于到达零边界的频率以及零边界发生的持续时间。

二　包含正的稳态通胀的新凯恩斯模型

（一）模型

这部分着手研究Olivier Coibion，Yuriy Gorodnichenko 和 Johannes F. Wieland（2010）提出的包含正的稳态通胀的、新凯恩斯模型，模型中主体包括有代表性的消费者、垄断生产企业、财政部门以及中央银行。有代表性的消费者目标是最大化当前的消费和闲暇效用流的折现值

$$\max E_t \sum_{j=0}^{\infty} \beta_j \left\{ \log C_{t+j} - \frac{\eta}{\eta+1} \int_0^1 N_{t+j}(i)^{1+1/\eta} di \right\} \tag{3.1}$$

这里，C是最终产品的消费，$N_t(i)$是企业i的劳动力供给，η是劳动力供给弹性，β是贴现因子。每期t的预算约束为

$$\zeta_t: C_t + S_t/P_t \leq \int_0^1 (N_t(i)W_t(i)/P_t)di + S_{t-1}q_{t-1}R_{t-1}/P_t + T_t \tag{3.2}$$

这里，S是消费者持有1期债券的存量，R是名义利率，P是最终产品价格，W（i）是企业i劳动力赚取的名义工资，T是企业所有权的收益和转

移，q是风险溢价冲击，ζ是财富影子价值[1]。最大效用问题的一阶条件是

$$C_t^{-1}=\zeta_t$$
$$N_t(i)^{1/\eta}=\zeta_t W_t(i)/P_t$$
$$\zeta_t/P_t=\beta E_t[\zeta_{t+1}q_t R_t/P_{t+1}] \qquad (3.3)$$

一个完全竞争部门生产出最终产有，从中间产品到最终产品有如下方式

$$Y_t=\left[\int_0^1 Y_t(i)^{\theta-1/\theta}di\right]^{\theta-1/\theta} \qquad (3.4)$$

这里，Y_t是最终产品，Y（i）是中间产品i，θ代表中间产品替代弹性，中间部门i的产品需求曲线

$$Y_t(i)=Y_t(P_t(i)/P_t)^{-\theta} \qquad (3.5)$$

总价格水平的表示方法如下

$$P_t=\left[\int_0^1 P_t(i)^{(\theta-1)}di\right]^{1/1-\theta} \qquad (3.6)$$

垄断者生产的中间产品都有一个线性劳动力生产函数

$$Y_t(i)=A_t N_t(i) \qquad (3.7)$$

这里，A代表技术水平。每件中间产品生产企业有黏性价格，正如Calvo（1983）模型，$1-\lambda$是每一时期每个公司能够重新优化价格的概率，ϖ代表指数化程度（从无指数0到完全指数1）。企业i的最优重设价格表示为B（i），再优化企业解决以下收益最大化问题：

$$\max E_t\sum_{j=0}^{\infty}\lambda_j Q_{t,t+j}[Y_{t+j}(i)B_t(i)\prod{}^{j\varpi}-W_{t+j}(i)N_{t+j}(i)] \qquad (3.8)$$

这里，Q是动态贴现因子，Π是通胀总稳态水平。最优相对重设价格可以表示为

---

1 Smets和Wouters（2007）提出，对于q的正冲击，是与中央银行控制的利率和家庭持有的资产收益相关的，会增加资产必要收益率，减少当前消费水平。冲击q与金融加速模型中的净值冲击有相似影响。

$$\frac{B_t(i)}{P_t} = \frac{\theta}{\theta-1} \frac{E_t \sum_{j=0}^{\infty} \lambda^j Q_{t,t+j} Y_{t+j} (P_{t+j}/P_t)^{\theta+1} \prod^{-jw\theta} (MC(i)_{t+j}/P_{t+j})}{E_t \sum_{j=0}^{\infty} \lambda^j Q_{t,t+j} Y_{t+j} (P_{t+j}/P_t)^{\theta+1} \prod^{-jw\theta}} \tag{3.9}$$

公司具体的边际成本与使用的总变量相关

$$\frac{MC_{t+j}(i)}{P_{t+j}} = \left(\frac{C_{t+j}}{A_{t+j}}\right)\left(\frac{Y_{t+j}}{A_{t+j}}\right)^{1/\eta}\left(\frac{B_t(i)}{P_t}\right)^{-\theta/\eta}\left(\frac{P_{t+j}}{\prod^{jw}P_t}\right) \tag{3.10}$$

鉴于价格设定假设，价格水平的动态性由下式控制

$$P_t^{1-\theta} = (1-\lambda)B_t^{1-\theta} + \lambda P_{t-1}^{1-\theta} \prod^{w(1-\theta)} \tag{3.11}$$

我们引入最终产品的政府消费（G_t），经济中的商品市场出清条件为

$$Y_t = C_t + G_t \tag{3.12}$$

我们定义总劳动力投入为

$$N_t = \left[\int_0^1 N_t(i)^{(\theta-1)/\theta} di\right]^{\theta/(\theta-1)} \tag{3.13}$$

（二）稳态和对数线性化

我们采用Coibion和Gorodnichenko（2009）使用的方法，对数线性化稳态模型，在该模型中通货膨胀率不一定是零。既然正的趋势通胀会意味着产出的稳态和弹性价格水平存在差异，我们采取惯例符号表示，如$\bar{Y}_t$是产出的稳态值。我们假设技术是随机游走变量从而通过技术水平规范所有非静态真实变量。小写字母代表变量的对数值，例如$y_t = \log Y_t$是当前产出的对数值。用小写字母带帽表示稳态偏离值，例如$\hat{y}_t = y_t - \bar{y}_t$是产出偏离稳态的近似百分比。我们定义稳态包括了当前的技术水平，因此稳态偏离度就是静止的。最后，我们用带波浪的字母表示弹性价格稳态偏离度，例如$\tilde{y}_t = y_t - y_t^F$是来自弹性价格稳态的产出偏离近似百分比，这里的F代表弹性价格水平数量。我们将通货膨胀净稳态水平定义为$\bar{\pi} = \log(\Pi)$。那么，线性消

费欧拉等式为

$$-\hat{c}_t = E_t[-\hat{c}_{t+1} + \hat{r}_t - \hat{\pi}_{t+1} + \hat{q}_t] \tag{3.14}$$

商品市场出清条件为

$$\hat{y}_t = \overline{c}_y \hat{c}_t + \overline{g}_y \hat{g}_t \tag{3.15}$$

这里，$\overline{c}_y$ 和 $\overline{g}_y$ 分别是消费、政府购买与产出的稳态比率。则企业具体生产函数与对数线性收益为

$$\hat{y}_t = \hat{n}_t \tag{3.16}$$

考虑到正的稳态通胀会影响到模型中的价格设定因子及稳态水平。例如，产出缺口的稳态水平为

$$\overline{X}^{(\eta+1)/\eta} = \frac{1 - [1 - \lambda\beta^{-1}\prod^{(1-w)\theta}]\left(\dfrac{1 - \lambda\prod^{(1-w)(\theta-1)}}{1-\lambda}\right)^{(\eta+\theta)/(\eta(\theta-1))}}{\lambda\beta^{-1}\prod^{(1-w)\theta(\eta+1)/\eta}} \tag{3.17}$$

需要注意的是，产出缺口的稳态水平等于稳态通胀为零时的稳态水平，等于价格指数程度完全等于1时的稳态水平。正如Ascari和 Ropele（2007）强调的，通胀和产出的稳态水平之间存在非线性关系。对于很低但为正的趋势通胀，$\overline{X}$ 是趋势通胀的增长但迅速扭转的标志，$\overline{X}$ 会随着大量正的趋势通胀率的下降而下降。

第二，正的稳态通胀影响总通胀与最优化价格的关系，尤其是在稳态中两者之间的关系，式子如下

$$\overline{(B/P)} = \left(\frac{1-\lambda}{1-\lambda\prod^{(1-w)(\theta-1)}}\right)^{1/(\theta-1)} \tag{3.18}$$

对数线性等式为

$$\hat{\pi}_t = \left(\frac{1 - \lambda\prod^{(1-w)(\theta-1)}}{\lambda\prod^{(1-w)(\theta-1)}}\right)\hat{b}_t \Rightarrow \hat{b}_t = M\hat{\pi}_t \tag{3.19}$$

（3.19）式表明，当稳态通胀上升时，通货膨胀没有最优化价格更具敏感性。这个影响反映了这样的事实，在正的稳态通胀下，重设价格公司比其他公司拥有更高的价格并接受更少份额的支出，从而减少了通胀对于这些价格改变的敏感度。价格指数在弥补这个影响方面能起到一定的作用，但完全指数化只会彻底地扭曲重设价格和通胀之间的一般关系。

与此类似，正的稳态通胀在对数线性化最优重设价格等式有着重要的影响，如下式所示

$$\left(1+\frac{\theta}{\eta}\right)\hat{b}_t=(1-\gamma_2)\sum_{j=0}^{\infty}\gamma_2^j\left(\frac{1}{\eta}E_t\hat{y}_{t+j}+E_t\hat{c}_{t+j}\right)+E_t\sum_{j=0}^{\infty}(\gamma_2^j+\gamma_1^j)(g\hat{y}_{t+j}+\hat{r}_{t+j-1})$$

$$+\sum_{j=1}^{\infty}\left[\gamma_2^j\left(1+\frac{\theta(\eta+1)}{\eta}-\gamma_1^j\theta\right)\right]E_t\hat{\pi}_{t+1}+\hat{m}_t \qquad (3.20)$$

这里，$\hat{m}_t$ 是成本推动型冲击，$\gamma_1=\lambda\beta^{-1}\Pi^{(1-w)(\theta-1)}$ 和 $\gamma_2=\gamma_1\Pi^{(1-w)(1+\theta/\eta)}$ 在没有稳态通胀或者完全指数化下，我们有 $\gamma_1=\gamma_2$。当 $\omega<1$，更高的 π 增加未来产出和通胀的系数。每种效果都会使价格设定决策更具前瞻性[1]。未来通胀预期不断增加的系数反映了重设价格的预期未来贬值和与之相连的损失，这种协同效应发挥着特别重要的作用。作为通胀冲击的反应，当其他企业更新价格时，重设价格企业在现在和未来将预期更高的通胀水平。鉴于预期的影响，趋势通胀率越高，为了弥补重设价格预期未来的贬值，最优重设价格一定就会越高。因此，重设价格对于越来越高的 $\hat{\pi}$ 冲击反应更加强烈。该影响导致了通货膨胀对重设价格的不断下降的敏感度，在式子（3.19）中显示。

接下来，我们假设来自稳态价值的期望总利率水平的对数偏差 $\hat{i}_t^*$ 满足泰勒规则

---

1 见Coibion和Gorodnichenko（2009）对于每一效果的探论。

$$\hat{i}_t^* = \rho_1 \hat{i}_{t-1}^* + \rho_2 \hat{i}_{t-2}^* + (1-\rho_1-\rho_2)[\phi_\pi(\pi_t-\pi^*)+\phi_y(y_t-y^*)+\phi_{gy}(gy_t-gy^*)+\phi_p(p_t-p^*)]+\varepsilon_t^i$$

$$(3.21)$$

（3.21）式中，φ_π，φ_y，φ_{gy}，φ_p分别代表反映通胀偏差的政策反应强度、产出缺口、产出增长率以及价格水平，参数p_1，p_2代表利率平滑，ε_t^i是政策冲击。我们设定$\pi^*=\bar{\pi}$，$pt^*=\pi^* t=\bar{\pi}t$，$y^*=\bar{y}$，$gy^*=\overline{gy}$，这样中央银行就没有通胀或产出偏差。产出增长率是与产出缺口相关的，表现为

$$g\hat{y}_t = \hat{y}_t - \hat{y}_{t-1} + (a_t - a_{t-1} - \mu)$$

$$(3.22)$$

这里，a_t是对数技术水平，μ是趋势增长率。因为净利率真实水平存在零约束，对数总利率偏差被限制在$\hat{i}_t = \log(I_t) - \log(\bar{I}) \geq -\log(\bar{I}) = -\bar{i}$，并且实际利率动态表现为

$$\hat{i}_t = \max\{\hat{i}_t^*, -\bar{i}\}$$

$$(3.23)$$

（三）福利函数

为了对各种稳态通胀水平的福利进行数量化分析，我们使用二阶近似家庭效用函数[1]。Olivier Coibion，Yuriy Gorodnichenko和Johannes F. Wieland（2010）通过严谨的数学推导，将主要结果以一系列定理的形式描述。

定理1：式子（3.1）中消费效用表示为

$$u(C_t) = \tilde{c}_t + t.i.p + h.o.t$$

$$(3.24)$$

这里$\tilde{c}_t = \log(C_t / C_t^F)$是来自弹性价格水平的消费偏离比率，t.i.p.代表政策独立性术语，h.o.t.代表更高阶术语。

定理2：使用生产函数（3.9），定义$\tilde{v}(Y_t(i)) \equiv v(N_t(i)) \equiv N_t(i)^{1+1/\eta}$。继而，

---

[1] 该函数由woodford（2003）提出，2010年证明该函数在稳态扭曲度较小的情况才是有效的。

$$\tilde{v}(Y_t(i)) \approx \overline{Y}_t^F \tilde{v}_{\overline{Y}_t^F} \{\tilde{y}(i) + 1/2(1+\eta^{-1})\tilde{y}_t^2(i)\} + t.i.p + h.o.t \tag{3.25}$$

这里 $\tilde{y}_t(i) = \log(Y_t(i)/\overline{Y}_t^F)$ 是来自产出 $\overline{Y}_t^F$ 弹性价格水平的企业产出偏离度。

定理3：企业的对数价格指数与平均对数价格之间的差别可表示为：

$$\log P_t - \overline{P}_t = Q_P^0 + \frac{1-\theta}{2} Q_P^1(\Delta_t - \overline{\Delta}) + h.o.t \tag{3.26}$$

这里，$Q_P^0 = \frac{1-\theta}{2}\overline{\Delta} / [1+1/2(1-\theta)^2\overline{\Delta}]^2$，$Q_P^1 = [1-1/2(1-\theta)^2\overline{\Delta}] / [1+1/2(1-\theta)^2\overline{\Delta}]^3$，

$\overline{\Delta}$ 是 $\overline{\pi}$ 的二次方。使用定理3，我们可以描述价格分散的动态特征，见定理4。

定理4：令 $\Xi_t = \Delta_t - \overline{\Delta}$ 是来自稳态水平的价格分散偏差，则

$$\Xi_t = \Gamma_2(\pi_t - \overline{\pi}) + \lambda\Gamma_1\Xi_{t-1} + (\pi_t - \overline{\pi})^2\Gamma_0 \left\{ (1-\lambda)M^2 + \lambda + \frac{(1-\theta)^2}{4}[Q_P^1]^2\Gamma_2^2 \right\}$$

$$+ (1-\lambda)(1-\theta)MQ_P^1\Gamma_2 - \lambda(1-\theta)Q_P^1\Gamma_2 + h.o.t. \tag{3.27}$$

这里，

$$\Gamma_0 = \left\{ 1 + (\theta-1)Q_P^1 [(1-\lambda)(\overline{b} + Q_P^0) - \lambda(1-w)\overline{\pi}] \right\}^{-1}$$

$$\Gamma_1 = \left\{ 1 - (\theta-1)(1-w)\overline{\pi}Q_P^1 \right\}\Gamma_0$$

$$\Gamma_2 = \left\{ 1 + (1-\lambda)M(\overline{b} + Q_P^0) + \lambda(1-w)\overline{\pi} \right\}\Gamma_0$$

$\overline{b}$ 是稳态的对数最优重设价格。

定理5：若来自总弹性价格水平的产出偏差被定义为 $\tilde{y}_t = \log(Y_t/\overline{Y}_t^F)$ 则

$$E_i \tilde{y}_t(i) = \tilde{y}_t - Q_y^0 - \frac{\theta-1}{2\theta}Q_y^1(\gamma_t - \overline{\gamma}) + h.o.t \tag{3.28}$$

这里，

$$Q_y^0 = \frac{\theta-1}{2\theta}\overline{\gamma} / \left[1 + \frac{1}{2}\left(\frac{1-\theta}{\theta}\right)^2\overline{\gamma} \right], \quad Q_y^1 = \left[1 - 1/2\left(\frac{1-\theta}{\theta}\right)^2\overline{\gamma} \right]^3$$

$\overline{r}$ 是 $\overline{\pi}$ 的二次方。

鉴于定理1—定理5总结及推导，每期的二阶近似效用等式为：

$$\Theta_0 + \Theta_1 var(\hat{y}_t) + \Theta_2 var(\hat{\pi}_t) \qquad (3.29)$$

其中，

$$\Theta_0 = \left[1 - \frac{1-\phi}{1-\bar{g}_y}(1-(1-\eta^{-1})Q_y^0)\right]\log\bar{X} - \frac{1-\phi}{1-\bar{g}_y}\left\{(1+\eta^{-1})[Q_y^0]^2 - Q_y^0 + \frac{\theta-1}{\theta}Q_y^1[1/2 - (1+\eta^{-1}Q_y^1]\bar{y}\right\}$$

$$\Theta_1 = -\frac{1}{2}(1+\eta^{-1})/(1-\bar{g}_y)$$

$$\Theta_2 = -\theta^2\Big/2(1-\bar{g}_y)\Gamma_3\left\{\left[Q_y^1(\theta^{-1}-1)+(1+\eta^{-1})(1+\frac{\theta-1}{\theta}Q_y^0Q_y^1)\right] - (1+\eta^{-1})(1+\frac{\theta-1}{\theta}Q_y^1\log\bar{X}\right\}$$

$$\Gamma_3 = \Gamma_0\Big/1-\lambda\Gamma_1\{(1-\lambda)M^2+\lambda\}$$

$$\phi = -\log\left(\frac{\theta-1}{\theta}\right)$$

（3.29）式的损失函数显示了趋势通胀影响福利水平的三种机制：稳态效应、近似效用函数的系数以及经济动态过程。首先，Θ_0反映了正的趋势通胀的动态效应，它取决于与正的趋势通胀相关的价格截面稳态分散的增长。注意，作为$\bar{\pi}_y$趋近于零，Θ_0收敛到零。Ascari和Ropele（2009）研究显示，当$\bar{\pi}=0$，$\partial\Theta_0/\partial\bar{\pi}>0$，斜率符号在边际正的通胀率时快速反转。在基线校准时，当趋势年通胀率超过0.04%时，Θ_0是严格负值且$\partial\Theta_0/\partial\bar{\pi}<0$。因此，对于数量化的相关通胀率，来自稳态效应的福利损失是稳态通胀水平的增长。除了很小的通胀之外，产出的稳态水平会随着更高的π下降，因为稳态截面价格分散增长。来自价格分散的稳态通胀成本是通胀最广为认知的成本之一，该成本从合并正的趋势通胀到新凯恩斯模型都是自然而然的增加。与由分散增加引致的效应一致的是，有人发现稳态效应被完全指数化价格排斥，使用部分指数化价格能够得到缓解。

围绕稳态的产出方差的系数$\Theta_1<0$并不依赖于趋势通胀。该系数是直接与劳动力供给的截面分布的负效用相关的。负效用的一部分是由围绕稳态

的产出方差导致的，该指标并非趋势通胀的直接函数。然而，这并不意味着正的π没有投放任何产出成本。趋势通胀减少了产出的稳态水平，由Θ_0的特征可见。一旦把这些考虑进去，对数效应表现了围绕着成本高昂的新稳态水平的产出方差。更进一步，围绕稳态的产出方差依赖于被趋势通胀水平影响的模型的动态特征。

通胀方差系数$\Theta_2<0$表现出福利损失的敏感度。对于$\bar\pi\approx0$，$\partial\Theta_2/\partial\bar\pi<0$，截面价格分散在其他条件不变的情况下变得成本更高昂。如前所述，通胀冲击制造相对价格扭曲。鉴于正的趋势通胀已经产生了价格分散和资源的无效率分配，企业无效率的运作必须向工人弥补具体部门劳动日益增长的边际负效用。由于不断增加的边际负效用，当我们增加初始价格分散时，当通胀趋势水平上升时初始价格分散对于福利水平使通胀方差成本更高，通胀冲击导致增长的相对价格扭曲变得成本更加高昂了。最值得注意的，正通胀的交错价格设定中产生的价格分散的渠道减少了福利水平。最后，Θ_2增加了劳动力供给弹性，减少了产品θ和Calvo参数λ之间的替代弹性。

三 最优通胀率的求解与估计方法

在校准以上模型之后，Olivier Coibion，Yuriy Gorodnichenko和Johannes F. Wieland（2010）着手求解最大化福利水平的通胀率。数据显示，福利损失函数一般是关于稳态通胀的凹函数，作为零约束的结果，最优通胀率水平就是正值。然而由于模型结构参数的校准以及经济冲击的特征，最优通胀率都是相当低的，每年低于2%的水平。如上所述，通胀的三项成本在数量上也是相当重要的，每一项都足以使最优通胀率降至2.5%，甚至更低。

　　较低的最优通胀率不可能是由于商业周期的低成本引致的。模型显示，减少商业周期对最优通胀率的波动将会通过永久增加1.5%的消费而提高福利水平，这与许多商业周期成本的观点表述是一致的（Barlevy，2004）。另外，到达零利率边界在模型中成本巨大。校准模型显示，每年3%的通胀率、8个季度的期限花费在零边界上，这将减少福利水平，相当于永久减少超过4%的消费，超出福利效应的冲击推动经济进入零边界。而且，当模型显示在福利损失函数中产出缺口变动的最优权重是很小时，推动最优通胀率超出中央银行的通胀目标水平，这需要系数比大于年通胀方差权重的十倍还要多。这样的权重意味着在零利率边界8个季度的福利成本相当于消费永久下降40%，这个幅度过大而使我们无法接受。

　　进一步深入研究基础模型，可能会发现提升最优通胀率的几个机制。譬如，由于实际参数值不确定性的存在，政策制定者可能想选择一个更高的通胀率作为实际参数，表现为零边界更加频发和更高成本的可能性的缓冲。可以从两个方面解释这个问题：第一，计算最优通胀率考虑到参数值的不确定性，发现最优通胀率每年从1.1%提升至1.4%；第二，通过反复绘制参数分布，从每次抽样中计算最优通胀率。结果发现，90%的置信区间年最优通货膨胀率介乎0.1%至2.2%，这较接近的反映现代中央银行的通胀目标范围。

　　Olivier Coibion，Yuriy Gorodnichenko和Johannes F. Wieland（2010）的研究成果取决于Calvo（1983）建模价格黏性。第一，因为该种方法暗示一些公司在接下来的时间里不改变价格，这能高估价格分散的成本，从而低估最优通胀率。提到这种可能性，还使用Taylor（1977）固定期限的交错价格设定方法来进行分析，Taylor（1977）固定期限的交错价格设定方法比Calvo假设具有更少的价格分散性，然而使用该法对于最优通胀率并未有显著的影响；第二，Calvo和Taylor定价模型中价格刚性程度都被看做是一个结构性参数，然而价格设定的频率不可能完全独立于通胀率。结果，考虑在规范的模型中，价格刚性程度会随着通胀的趋势水平系统的变化，但这种改变却并没有在数量上改变最优通胀率。

Tobin（1972）提出，名义工资刚性的下降是可能将最优通胀率推高的额外因素。通过促进名义工资刚性中向下调整的实际工资水平，正的通货膨胀是有益的。研究结果发现，向下的工资刚性降低了边际成本的波动性从而降低了通货膨胀。另外，当面临负的需求冲击时，向下的工资刚性减少，边际成本下降，导致通胀轻微的下降以及利率小幅变化。因此，越少考虑零利率边界将进一步减少正通胀的好处。

Olivier Coibion，Yuriy Gorodnichenko和Johannes F. Wieland（2010）的分析是从可能影响最优通胀率的几个其他因素中提炼来的。Friedman（1969）提出，最优通胀率一定是负的，等于持有货币的边际成本和边际收益。因为以上使用的模型是一个无现金经济的模型，没有通胀的成本，但这样将进一步降低最优通胀率水平，正如Khan et al（2003），Schmitt-Grohe 和 Uribe（2007，2010）与Aruoba 和 Schorfheide（2009）所强调的。相似的是，许多研究致力于与正通胀相关的政策制定者关于铸币税收入的成本和收益这一方面。Feldstein（1997）强调了从固定名义税收中产生额外的通胀成本，并且，当模型中包括由通胀水平与波动性之间的正相关所产生的通胀成本时，可能还是低估了通胀成本，因为通胀波动越大，借贷双方之间风险再分配会加剧，则风险溢价上升。另外，通胀水平和通胀波动性的关系在模型中是更显著的，这是因为更高的稳态通胀使经济越来越接近于不确定区域，黑子冲击将进一步增加通胀变动性。最后，因为这一部分并未对内源性反周期的财政政策的可能性进行建模，因此本文中没有考虑在零利率边界爆发期间非常规性货币政策的可能性，导致可能会高估了到达零利率边界的成本从而进一步高估了最优通胀率水平。

与Olivier Coibion，Yuriy Gorodnichenko和Johannes F. Wieland（2010）的研究结果相似的是殷波（2011）对于中国经济的最优通胀率的相关研究，他认为合适的长期通胀目标对于提高社会经济福利具有重要意义。他构建了一个具有代表性的DSGE模型，用贝叶斯方法对模型进行了参数估计，并估算了不同货币政策规则下中国经济应选择的最优通胀目标。研究结果显示，从短期看3%左右的通胀目标是最优的，从中长期看0.5%—1%的低通胀目标是最优的。该结果与Olivier Coibion，Yuriy Gorodnichenko 和Johannes F. Wieland（2010）的研究结果相似，相比之下，中长期与短期的划分进一步推进了最优通胀率的研究，使其更加具体，更加贴近现实。

第四章
货币对外稳定——汇率稳定及其影响因素分析

第一节　我国汇率制度的浮动程度

一国汇率制度的浮动程度决定着该国采取的货币政策目标。若一国采取完全固定汇率制，货币政策目标就是在外汇市场频繁干预维护汇率稳定；若一国采取完全浮动汇率制，汇率则由目标变成了一种调节经济的工具，该国就可以选择其他货币政策目标，如充分就业、经济增长和物价稳定等，近年来大多数国家选择控制通货膨胀率为目标；若一国采取中间汇率制，则该国要在两目标之间进行权衡，事实证明，在1997年亚洲金融风暴过后，一些亚洲国家宣布实行"有管理的浮动汇率制"，但其实质仍然是钉住美元汇率制，如泰国、印尼、马来西亚等国，这些国家仍通过频繁的外汇买卖来"软"钉住美元，并不能很好地实现国内目标。因此，衡量我国汇率制度浮动程度对于选择货币稳定策略至关重要。

验证我国汇率的制度性浮动程度，要利用汇率的制度性浮动指数公式来进行实证分析，并与同期的美国、日本和东亚五国的浮动程度进行比较。根据Baig（2001）[1]等的研究，汇率的制度性浮动指数公式是：

$$Index=\frac{\partial_{FX}}{\partial_{PX}} \tag{4.1}$$

（4.1）式中，∂_{EX}表示月度汇率变动率的波动性，∂_{RX}表示月度外汇储备变动率的波动性，Index表示汇率制度性浮动程度指标。可以看出，Index越高，相对汇率波动而言储备波动就越小，则汇率制度性浮动程度越高；反之，Index越低，则汇率制度性浮动程度就越低。

本文采取1994年8月至2011年12月的月度人民币兑美元汇率的期末值和月度外汇储备量的数据，根据汇率的制度性浮动指数公式，运用EXCEL计算我国和同期美国、日本、东亚五国汇率的制度性浮动指数，见表4.1，表4.2，表4.3。

表4.1　1994年8月至2011年12月中国汇率制度浮动程度

时间	1994.8—2005.7	2005.8—2011.12
汇率波动性%	0.2313	0.4531
储备波动性%	2.0994	0.9678
制度性浮动程度	0.1102	0.4670

资料来源：作者根据中经网统计数据库每月汇率及外汇储备数据计算

表4.2　1994年8月至2011年12月美、日汇率制度浮动程度

项目	美国	日本
制度性浮动程度	1.4248	1.0529

资料来源：作者根据中经网统计数据库每月汇率及外汇储备数据计算

1　如Bayoumi和Eichengreen（1998），Hermandez和Montiel（2001），Calvo和Reinhart（2002）的研究。

表4.3　1994年8月至2011年12月东亚五国汇率制度浮动程度时间

时间 制度性浮动程度	1994.8—1997.11[1]	1997.12—2011.12
新加坡	0.6373	0.6825
韩国	0.1999	1.2230
泰国	0.2163	0.8256
时间 制度性浮动程度	1994.8—1997.11[1]	1997.12—2011.12
印尼	0.0321	0.6931
马来西亚	0.1792	0.1944

资料来源：作者根据中经网统计数据库每月汇率及外汇储备数据计算

经过数据比较，从1994年8月到2005年7月，即我国实行钉住美元汇率制时期，我国的制度性浮动指数与1997年前的东亚五国相比较低，说明我国央行为了钉住美元，会频繁地在国际外汇市场上运用外汇储备操作来维持稳定的币值。而此阶段，美国、日本实行的是独立浮动汇率制，其制度性浮动指数均大于1，东亚五国除了泰国之外实行的是有管理的浮动汇率制度，由于干预外汇市场的程度不同，"管理"的程度也不同，但除印尼外其他国家的制度性浮动指数均大于中国。从2005年7月至2011年12月，即我国实行"有管理的浮动汇率制"时期，我国的制度性浮动指数明显升高，已接近东亚五国，但相对还是偏低。这说明，我国已经放弃了固定汇率制，允许汇率浮动，但"管理"程度仍然较高，因此与东亚五国相比，我国的制度性浮动指数偏低。此阶段，韩国已经实行独立浮动的汇率制，其他四国制度性浮动指数都略有提高。

上述结论说明，我国已经放弃钉住美元的固定汇率制度转而实行管理浮动汇率制。因此，稳定货币的策略就应该放弃现有的稳定汇率而转向稳定物价和自主管理货币政策。但实证分析表明，我国管理浮动汇率制与其他亚洲国家相比干预程度较高，这意味着我国仍然不能放弃汇率稳定目标，虽然理论上汇率目标是可以与通胀目标同时并存的，但前提是这种目标必须足够清晰，且中央银行的行为能够表明通胀目标在两者发生冲突时处于优先地位。历史经验证明在两目标间进行权衡效果不佳，阿根廷货币局制度的崩溃和亚洲金融危机提供了良好的佐证。所以，从目前中国实际出发，究竟是实施全球二十多个国家普遍使用的通货膨胀目标制还是应继续维持固定汇率制关键要对具体适用性进行比较分析。

第二节　汇率变动的因素及其影响

西方主流汇率理论认为，影响汇率变动的因素有通货膨胀、物价水平、利差、货币供应量、国民收入水平、货币政策和财政政策、"新闻"以及外汇市场交易指令流以及价差等等。

我国学者关于人民币汇率影响因素研究也很多，比较有代表性的观点有：易纲（1997）认为影响人民币汇率的主要因素有物价水平、通货膨胀率差、利差、经常账户余额，外资流入、官方储备和货币政策等；魏巍贤（1999）认为人民币对美元汇率的变化率是由西方主要货币对美元的变化率、商品相对价格的变化、国内外利率差、外债余额对收入比例的变化率和国内货币供应量的变化共同决定的；杨帆（2000）通过对人民币汇率形成历程的分析指出，人民币汇率的长期影响因素是货币供给和产出水平，它的中期影响因素为物价、财政因素和进出口，短期因素为利率、通货膨胀率和国际收支；潘国陵（2000）利用推导出的适应开放经济的汇率决定方程，尤其强调了工资率或劳动生产率是影响汇率的主要经济变量，还提出信贷、利率、固定资产存量、折旧率和间接税等也影响汇率水平；贺昌政、任佩瑜、俞海（2004）运用自组织数据挖掘方法，选取了中美消费价格指数、中美实际利差、通货膨胀率、工业增加值、外汇储备、进出口总额、广义货币供应量、外商直接投资、100日元兑美元数等经济变量进行实证分析认为，消费者价格指数是当前人民币实际汇率最主要的影响因素，而其他因素对汇率只有微弱影响。

总结以往相关研究，得出影响汇率水平的主要因素并分析其对于汇率及经济可能产生的影响。

一　贸易收支、贸易条件及外商直接投资

中美关系中的贸易和汇率问题一直是复杂的焦点问题而备受关注。从20世纪70年代末至今，中美两国已经成为彼此重要的贸易伙伴，中国是美国的第三大贸易伙伴，美国成为中国第二大贸易伙伴和最大的出口市场。中国长期持续的国际收支双顺差导致中美贸易关系的恶化，美国向中国施加压力要求人民币升值、放松外汇管制并大肆攻击中国实行外汇倾销，这说明贸易问题与人民币汇率水平密切相关。重商主义认为，贸易顺差能富国强民。大量的事实证明，国际贸易决定货币的国际地位，同时货币的兑换比率也会影响到国际贸易，国际收支弹性分析理论认为，若一国商品和劳务进出口需求弹性符合马歇尔—勒纳条件，该国货币对外贬值就能扩大出口减少进口，反之则对进口有力出口不利，一国货币贬值能否改变贸易收支逆差，还取决于一国的贸易条件，就中国国内物价而言，有必要区分一般物价水平及其变动与可贸易商品价格水平及其变动，两者存在较大差异，对汇率的影响也存在差异。

贸易收支是指因商品进出口而引起的货币收支，一国贸易收支的好坏将直接影响该国汇率的升降。一般认为，贸易收支顺差，对外债权增加，外汇供给大于需求，外币贬值而本币升值，汇率上浮；贸易收支逆差，对外债务增加，外汇需求大于供给，外币升值而本币贬值，汇率下降。90年代的日本和70年代的美国就是最好的事实明证。但通过贸易收支的不同影响渠道分析，如通过利率水平或通货膨胀等渠道进而影响汇率，发现贸易

收支顺差或逆差对于汇率的影响并不是绝对的，各种途径作用力的大小取决于不同国家经济的开放程度及其经济政策导向，同时虽然贸易收支是影响汇率的重要因素，但绝不是唯一因素。

贸易条件是指用某一货币衡量的进口商品的单位价格指数与出口商品单位价格指数的比率。所谓贸易条件改善就是指这一比价的上升，同样数量商品的出口能够换回比原来更多商品的进口，或者说同样数量商品的进口，只需要比以前更少商品的出口来换得，净效应便是一国实际福利的增长。而贸易条件的恶化，则是指这一比价的下降。它说明同样数量商品的进口必需要用比以前更多数量商品的出口来交换，或者说同样数量商品的出口中只能换得比以前更少商品的进口，净效应便是一国实际财富的外流。贸易条件的改善或恶化，直接导致了一国实际资源的流入或流出，因此汇率和贸易条件之间有十分紧密的联系。汇率是两国货币的交换的比价，而贸易条件则是用本币或外币衡量的进出口商品的比价，本外币之间比价的变动必然引起以本币或外币衡量的进出口商品比价的变动。在实证研究中，国外学者（Edwards，Elbadawi，Ibrahim A.，1994）和国内学者（林伯强，2002；张小朴，1999；刘莉亚、任若恩，2002；秦宛顺，2004）均从不同角度研究得出结论，贸易条件是影响汇率水平的基本因素之一。

国际资本流动是阐释利率对汇率影响途径和方式的先决条件。在分析利率与人民币汇率之间关系的问题之前，必须先研究中国的资本流动状况。从资本流向上看，中国已经基本放开以直接投资为目的的资本流入，并对其持有积极的欢迎态度。目前，FDI占外资总额的70%左右，是我国利用外资的主要形式。尤其是自1992年以来，我国引进外商直接投资流量的平均增速达到34.47%，利用外商直接投资存量规模也不断扩大，它对国民经济产生了极为重要的影响，FDI对GDP的贡献超过40%。特别是在我国资本项目还没实行可兑换的条件下，FDI在资本金融项目中占很大比重，是近年来资本金融项目顺差的主导因素。因此，汇率与我国外商直接投资关系密切。

国内外有关汇率与外商直接投资相互关系的研究很多，基本上得到的是一致的结论：东道国的货币贬值会刺激FDI的流入，而升值会导致FDI流入的减少。最早研究可以追溯到20世纪70年代美国金融学家阿利伯（1970）提出来的通货区域优势理论，而最早通过建立模型来研究汇率与FDI关系的人则是库斯曼。库斯曼（1985）考虑了一个两期的动态模型，其中跨国企业最大化以本币衡量的真实利润。他不仅考虑了汇率的水平而且考虑了预期汇率变动的影响，通过分析生产地和销售地不同的四个直接投资的模型，Cushman推断预期外国货币真实升值将会降低外国投资者在东道国的生产成本，从而刺激FDI流入东道国。弗罗特和斯坦恩（1991）在资本市场是不完全的前提下作出了汇率水平与FDI存在明显关联的论断，提出了著名的"财富效应"（Wealth Effect）理论。通过使用从1979年到1991年7个主要工业国家对美国的FDI数据，弗罗特和斯坦恩在实证分析的基础上，第一次解释了美元贬值与FDI流入增加之间的关联性，即当美元相对于资本流出国货币贬值时，将使相同数量的外资可购买更多美国的商品从而吸引外资流入。爱扎曼（1992）比较了固定汇率与浮动汇率制度，认为采取固定汇率国家更能吸引外商直接投资的流入。戈登伯格和库尔斯塔德（Goldberg和Kolstad，1995）分析了1978—1991年美国对加拿大、日本和英国的直接投资的季度数据，得出汇率波动能够促使本国对外直接投资，而且这种直接投资会代替本国的出口，但不会降低本国总体的国内投资。邢予青（2003）以日本对华直接投资为背景分析了汇率与FDI

之间的关系，结果显示，实际汇率和日本对华FDI，尤其是出口导向型FDI之间存在一个显著的正相关关系。罗忠洲（2005）通过考察1971—2003年间日元汇率变动对日本制造业FDI的影响情况，其研究结果表明：日元汇率的升值、日本实际GDP的增长与日本制造业FDI成正相关。

二 利率水平差异

利率和汇率作为货币市场和外汇市场的两个有力工具，同属于中央银行货币政策的主要手段，在运用和传导过程中有较强的联动机制，不仅利率变动对汇率水平会产生影响，而且汇率变动也会对利率水平产生影响。利率和汇率也代表了货币在不同市场上的价格，利率政策是内部经济平衡的基础，而汇率政策是外部经济平衡的关键，搞清楚利率变动或利率差异对于一国汇率水平的影响，对于制定和执行正确的外汇政策至关重要。

理论上，若一国利率水平高于外国利率，国际资本流入，本币需求上升，导致本币升值，反之国际资本外流导致本币贬值。利率平价理论认为，汇率变动等于两国相对利差，投资者可根据两国利差及对未来汇率预期进行投资选择。利率平价作用机制包括三个重要因素：汇率波动、利差和资本流动，三者存在密切关系，利差是前提条件，由此产生资本流动和汇率波动两种密切相联的作用方式。1998年以后，我国通胀率低于美国，2002至2003年间名义利率与实际利率均高于美国，商品市场和资本市场的套利条件已具备，人民币应该升值，但人民币却从1997—2005年保持超强的稳定，最主要的原因是我国不具备利率平价理论要求的资本完全流动，强力的政策因素盖过利率因素对于人民币的影响。因此，完善的利率平价机制必然是资本的自由流动和汇率的有效波动，利率平价关系在中国不成立的观点也要从这三个要素深入研究探讨。

两国间利率以及由此形成的利差变动会对货币汇率水平产生重要影响，这种影响实际上是利率平价机制作用的必然结果，即通过国际资本流动来调节汇率和利率之间互动的市场机制。中国实现经常账户开放之后，仍保持对资本账户的严格管制，对于在管制范围之外甚至受到鼓励的资本（如外国直接投资FDI）而言，资本是可以流动的。资本有限流动是包括中国在内的大多数发展国家经济发展中的常态，只是流动性强弱不同而已。因此，当前中美两国利差是影响汇率水平的因素，只不过影响强度和传导速度仍需要进一步的研究。

三　外汇储备、通货膨胀差异及货币供应增长率

英国经济学家葛逊于1861年提出国际借贷说，该理论认为汇率波动决定于外汇供给和需求，而外汇供给是由国际借贷引起的。当一国的流动债权（外汇收入）大于流动负债时，外汇供大于求，本币升值；当一国流动债权小于流动负债时，外汇供不应求，则本币贬值。该理论以一国国际借贷差额作为研究汇率决定的基础，因此，外汇储备和外债都是影响汇率水平的重要因素。

随着全球金融一体化的发展，外汇储备对于一国政治和经济的作用逐渐增加。对于实行浮动汇率制度的国家，持有外汇储备越多，其稳定汇率的能力就越强，从而提高了投资者对于持有该国货币的信心，在一定程度上导致本国货币具有升值效应；反之，当一国外汇储备实际持有量低于需求量，本国将会产生贬值效应。汇率波动主要依赖于银行间外汇市场中的参与者供给和需求形成。自1994年起我国在外汇管理上实行结售汇制度，

企业收汇并结售给外汇指定银行，外汇指定银行在外汇市场又将这些敞口头寸转移给中央银行，形成了中央银行的外汇资产即外汇储备，因此，人民币汇率波动很大程度取决于央行运用外汇储备干预市场的行为（外汇储备月末余额取对数，防止异方差）。近年来，国内很多学者也研究了中国外汇储备与人民币汇率之间的关系。魏巍贤（1999）采取Engle-Granger方法得到了人民币汇率与外汇储备、进出口以及美元兑日元汇率这些变量之间存在长期关系；金中夏（2000）采取同样方法得出人民币实际有效汇率与中国外汇储备之间的长期关系。

一国汇率水平与该国通货膨胀密切相关。通货膨胀会影响一国的汇率制度和汇率水平，同时汇率制度和汇率水平也会作用于通货膨胀。一国如果发生通货膨胀，且与贸易伙伴国的通货膨胀存在较大差异时，货币的对内外价值就会发生变化。20世纪70年代国际货币体系滑入牙买加体系的重要原因之一就是西方各国恶性通货膨胀的发展及蔓延，美国通货膨胀高于其他贸易伙伴国，降低了国外对美元的需求，促使美元汇率贬值。

揭示汇率与通货膨胀之间关系最著名的理论是购买力平价理论。绝对购买力平价理论认为，汇率是一个取决于两国相对价格的名义变量，当本国价格水平相对上升时，本币购买力降低，本币贬值；反之，本币升值。相对购买力平价理论认为，汇率变化等于两国通胀膨胀率差异，若中国通胀率大于美国通胀率，人民币应该贬值，反之人民币升值。Lidless和Parking（1975）认为，通货膨胀是价格持续上涨的过程，从同种意义上说，即货币不断贬值的一种过程，因此，一国通货膨胀水平的变化与货币对外价值（汇率）的变化之间具有很强的相关性。通货膨胀往往是纸币贬值，物价上涨，导致出口减少进口增加，国际收支出现逆差，将使本币汇率比下跌。因此，物价水平和通货膨胀差异是影响汇率水平的重要因素，其具体影响机制体现在以下三个方面：第一，一国通货膨胀通过本国出口商品换汇成本的变化来影响汇率水平。当通货膨胀发生，一方面，出口商品的价格必然上升，若该商品的国际市场价格不变，换汇成本也将上升，当换汇成本高于本国汇率时，商品出口就会亏损；另一方面，进口相应增加，导致外汇供不应求，为平衡国际收支弥补市场价格上升导致的亏损，汇率贬值成为必然；第二，一国通货膨胀通过改变市场预期来影响汇率水平。当通货膨胀发生，本币看跌，对于未来汇率和利率水平的预期致使持有外汇保值倾向严重，外汇市场供不应求的局面加剧，外汇汇率上升，本币汇率下降；第三，贸易伙伴国间发生通货膨胀，依照购买力平价理论，两国通货膨胀率之比决定了汇率的调整幅度，在特定条件下，通货膨胀对汇率产生决定性影响。

除此之外，物价水平和通货膨胀差异背后还隐藏着诸多因素，这些因素的变化都会通过影响物价水平进而影响到一国的汇率水平，如出口目的地的不同（Nettl，1989，1993）、"国界效应"（Engle和Rogers，1996）、运输成本、关税壁垒与非关税壁垒（Nettl，1994；Feenstra，1995；Rogoff，1996；Feenstra和Kendall，1997）、体制因素（Kim 和 Rogoff，1995）、国际交易成本（Benninga 和 Protopapadakis，1988；Dumas，1992；Sercu和Uppal，1995；Ohanian和Stockman，1997）和国际套利沉淀成本（Dumas，1992；Krugman，1989；Wei，1997）等等。在下文的经验分析中，我们将忽略这些子因素而仅仅研究物价水平和通货膨胀差异对汇率产生的影响及意义。还需解决一个至关重要的问题，即物价指数选择问题，关于物价指数选择问题的争论甚至可以追溯到凯恩斯时代（1923）。通常各国政府都把消费价格指数（CPI）作为通货膨胀的衡量指标，并根据CPI的变化来制定货币政策和相关的宏观经济政策，以实现物价稳定的宏观经济目标。但如CPI、PPI等这些常用的物价测量都包含了一定比例的非贸易品，尤其在贸易品部门和非贸易品部门间的价格通货膨胀存在差异的地方，就会存在哈罗德-巴拉萨-萨缪尔森效应（HBS）。因此，在很多文献中存在大量为检验PPP构筑适当的物价测量工具，如萨默斯和赫斯顿（Summers and Heston）开发的国际比较项目数据体系，想法虽好实际运用中存在诸多缺陷。目前，在测量PPP时普遍使用的仍然是官方提供的物价指数，本文将选取CPI作为衡量物价水平的指标，并计算CPI的变化率衡量中美两国间的通货膨胀差异。

有必要提到的是，被排除在计算CPI之外的国际原油及黄金价格也是影响汇率水平的因素之一。原油作为基础性原材料位于生产链的最上游，其价格上涨必然引起从中间产品到最终产品价格的波动。一般而言，作为相对供给因素，由于可贸易品包含较多的制造品，国际原油价格波动对于不可贸易品的相对价格具有负效应。因此，美元的走势受石油走势的影响较大，石油价格直接影响了美元的走势。2008年，石油价格在7月16日的147美元之上见顶，然后连续100多天持续下跌，最低跌到61美元附近，跌幅高达59%，这是历史上非常罕见的走势。受此影响，全球大宗商品价格也不能幸免，连续下挫，屡创新低。

国际油价的上涨可能会导致高通胀、高失业率、汇率下降和产值失衡等不良后果，对一国宏观经济的恶劣影响最终将从汇率水平的波动上体现出来，进而影响该国货币的实际购买力和本国商品的国际市场竞争力。从美国的历史情况看，历次石油危机都造成了美国经济的衰退，导致美元实际汇率波动。克鲁格曼（1981）对石油价格和美元实际汇率之间的关系进行研究，发现汇率波动主要基于三个因素：该国货币资产占OPEC风险资产的比率、该国出口商品占OPEC进口商品总额的比率和从OPEC进口石油的份额。Golub（1983）运用资产组合方法研究了石油价格和美元实际汇率的关系，结论与克鲁格曼研究结论相似。Amano（1998）利用1972—1993年之间的月度数据对石油价格和美元实际汇率进行实证研究发现，石油价格是决定美元实际汇率的重要因素。Lastrapes（1992）检验了实际冲击（生产率变化、石油价格变化等）和名义冲击（货币政策变动等）对美元实际汇率的影响，发现实际冲击是对汇率起着决定性作用的重要因素，而名义冲击仅仅在短期对汇率水平产生影响。因此，国际原油的价格变动和汇率水平变动关系密切。

通货膨胀与货币供应增长率之间关系密切。传统汇率理论认为，固定汇率制度下，过度的货币扩张会因为资本流出而立刻消除，使均衡实际汇率保持不变；在浮动汇率制度下，过度的货币扩张会降低利率，提升对国内不可贸易品的需求，导致实际汇率升值。因此，货币供应量与汇率水平有着密切的关系。

国外对于货币供给与汇率之间关系的研究主要是从货币政策干预的角度，分析特定国家货币政策和汇率的关系。Svensson 在分析新西兰开放经济下的通货膨胀政策目标时指出，紧缩的货币政策将导致汇率的升值，从而使物价指数降低。Njuguna 在对肯尼亚的货币供给与长期名义汇率进行研究时得出了相似的结论。Fredman在研究加拿大货币传导机制时指出汇率波动将影响货币供给。Dodge从资产角度的研究显示，货币升值导致外国投资者对于本国金融资产投资需求增大，而使对本币需求增大导致货币供给增加。

2005年汇制改革之后，我国关于货币供给与汇率关系的研究也蓬勃展开。陈雨露认为，我国为维护货币稳定，货币政策操作模式是在货币市场上直接控制基础货币；李天栋等认为，在我国资本账户不完全开放的情况下，人民币升值预期的自我强化机制是否演变为自我实现机制需要视情况而定，在固定汇率制度下，当汇率预期出现，政府为维护汇率稳定就会进行干预，其实质是提供流动性。孙华好和马跃提出"升值预期自我实现"，如果货币当局不能有效应对时，人民币的升值预期将自我实现，最终被迫升值，预期本币升值将带来热钱流入，形成货币供给过度增长。项俊波从宏观层面角度考虑，认为我国人民币升值预期仍然较高，资本流入持续增加，外汇市场继续供大于求，这将导致外汇占款增长进一步加快，中央银行面临流动性管理和货币调控的严峻形势。施建淮从国际贸易的角度进行分析，认为人民币实质汇率升值会导致中国产出一定程度的下降。因此，如传统开放经济宏观模型而言，货币升值在中国是紧缩性的。升值的紧缩性结果导致货币需求的减少，从而货币供给相应减少。

四　财政收支状况：未清偿的政府债务

克鲁格曼（1979）提出了第一代货币危机模型，认为在开放经济条件下扩张性财政政策与固定汇率制度相矛盾，从而导致外汇储备耗尽，引发本币贬值和货币金融危机。蒙代尔—弗莱明模型揭示，在浮动汇率制度下，财政赤字增加会使利率升高，从而导致资本内流和实际汇率上升。爱德华兹（1995）从实证角度研究了1954—1975年间的87次货币金融危机，发现每次危机都伴随巨额的财政赤字，即财政扩张政策与汇率稳定是相矛盾的。一些学者也探讨了财政赤字对汇率的影响（Clarida和Gali，1994；Clarida和Pendergast，1994）。因此，财政赤字是影响汇率水平的重要因素。

财政收支与汇率水平关系密切。一般认为，汇率变动会影响进出口数量及收益，会影响到进口关税，也会影响到利用国外贷款和债券的品种数量及收益，这些收益变动均可归结为企业收支变动，企业收支变动通过企业所得税转化为财政收支变动，进口关税的变动也会影响到财政收入。财政收入的实际变动和国家外汇储备的损益戚戚相关，外汇储备损益的增减与国家财政收支的增减方向是一致的。

五 经济增长及其变动

自布雷顿森林体系破产以及世界主要货币实行浮动汇率制度以来，由于各国经济实力的发展不一，有些国家的货币出现持续贬值，有些国家大幅升值，最典型的是美元的贬值，日元汇率的走高，其主要原因是日本经济实力的增强，美国则相对削弱。近年来，人民币汇率整体缓步上扬，其根本原因是我国经济实力的逐渐增强，而衡量国家经济实力的主要指标GDP与人民币汇率有很大的相关性。我国GDP水平逐年增加，表明我国国民收入水平逐年增加，国民消费需求则增加，对于人民币增加的需求导致人民币汇率缓步上扬。因此，经济实力应该是决定汇率水平的重要因素之一。

理论上，Dornbusch（1976）的超调模型和Frankel和Mussa（1978）弹性价格汇率模型为经济增长对汇率影响的研究提供了早期的理论框架。研究经济增长与汇率关系中最有影响力的理论假说是巴拉萨—萨缪尔森效应假说（BSH），该假说从实体经济角度出发，解释了实体经济增长会引起该国实际汇率升值的原因，以及经济增长快的国家比经济增长缓慢的国家更容易经历实际汇率升值的原因。其主要贡献在于两个重要见解：第一，将非贸易品引入标准贸易模型中；第二，以贸易品和非贸易品生产力差作为购买力平价与汇率之间关系的系统性偏离因素。由于这种偏离与生产力差的系统相关性，从而引申出这种偏离与收入差距之间的关系。因此，BSH 往往被用做解释为什么经济增长快速的国家比经济增长缓慢的国家更容易经历实际汇率升值。

BSH是建立在诸多假设前提之上，如小国经济、利率给定、劳动力和资本在不同部门之间可以快速自由流动等，且经济增长导致实际汇率升值需要经过比较严格的传导过程，这一传导过程如果不畅通，得到的结果可能就不是实际汇率升值。因此，一些经济学家对BSH 进行了补充和修正，主要有以下几种可能情况：最初生产力的提高可能是由制造品出口增加所引起的，而这种制造品出口的增加本身就可能引起实际汇率升值；一国生产力的提高可能并不反映为贸易部门的生产力提高，而是反映为非贸易部门生产力提高，经济增长可能导致非贸易品部门的相对价格下降，从而引起实际汇率贬值，贸易部门生产力提高不一定是由经济增长引致的，反而可能是货币贬值的直接后果；在发展中国家，贸易品部门（以制造品和高科技产品为主）与非贸易品部门（通常是初级产品和农产品）的劳动力是有差异的，市场分割比较普遍，从而劳动力不能实现完全的自由流动，所以即便贸易品部门的生产力增长使得贸易品部门的工资水平提高，也未必能传导到非贸易品部门，引起非贸易品部门的劳动力工资提高，即便非贸易品部门的劳动力工资提高，由于发展中国家的物价并非完全由市场决定，而是存在政府控制和干预的因素，所以非贸易品部门的相对价格也可能并不提高。

另外，在某种意义上BSH 只是从供给面（通过劳动力工资渠道）给出了生产力增加对实际汇率影响的机制。实际上，生产力增加还可以通过需求方的传导机制对实际汇率产生影响，而且供给方也不只劳动力工资这一个渠道。从供给面来看，生产力提高后可能降低出口品的生产成本，从而降低出口品的价格，在进口品价格保持不变的情况下，导致该国的贸易条件恶化，从而实际汇率贬值。从需求面来看，生产力提高后收入也增加，从而引起政府开支和私人需求偏好的变化，进而引起贸易品和非贸易品需求量的变化，影响相对价格，最后使得实际汇率发生变化。当然具体的变化方向要根据政府和私人需求变化的情况而定，如果是非贸易品的需求增加从而价格上涨，则会导致实际汇率升值。从需求面的名义冲击来看，当生产力提高使得收入增加后，若货币存量不变，则利率上升，当然也可能下降，这由货币政策外生决定的。

经济增长的衡量指标包括经济总量、投资和就业指标，经济总量指标主要用国民生产总值和人均国民生产总值两项参数来描述，投资指标主要由总投资和社会投资占GDP百分比两项参数描述，就业指标用适龄人群的就业百分比来描述。本文中主要选取GDP增长率指标对经济增长进行衡量，譬如投资占GDP的比重指标也可用经济增长率指标来诠释。Fischer认为，全要素生产力冲击对实际汇率的影响不仅可以通过BSH供给渠道实现，还可以通过投资渠道实现，任何部门生产力的提升都会提高经济中均衡的资本存量，因而提升投资需求而提高价格。

六　外汇交易量、指令流和外汇买卖差价

投资者预期对汇率水平的影响越来越重要，也是最难分析的因素，外汇市场的微观结构特征是投资者预期汇率走势的基础。中国的外汇市场是一个新兴市场，它借鉴了国外的制度设计、交易规则、管理经验以及

引进先进技术设备上发展起来的，由于发展时间尚短，市场结构仍缺乏厚度，这体现在主要参与者数量有限，在知识存量、直觉经验以及学习时限等方面存在显著差异，因此对人民币汇率走势会形成不同的预期。尽管他们预测汇率走势的意见不一致，或程度有差异，但对于外汇市场上汇率的影响可能并不明显，这是由于中国人民银行作为汇率政策执行者的特殊地位造成的。中国人民银行是外汇市场上的特殊会员，它既没有商业银行最高持汇规模的限制，又拥有巨额外汇储备能够成为外汇市场上最大的交易者，因此它的行为对人民币汇率的预期是最重要的。但随着中国外汇市场的日臻完善，市场交易者的容量不断扩大，信息显示也日益完全，理性投资者对于人民币汇率的预期也逐渐地趋向一致，如亚洲金融危机期间，东南亚国家货币的大幅贬值就是贬值预期下投资者大量抛售本国货币所致。

近年来，外汇市场微观结构理论与实证研究发展迅速，成为分析汇率短期走势和高频数据的重要方法和工具，也成为汇率宏观经济理论的有力补充。外汇市场微观结构理论认为，做市商间的指令流能够解释现汇汇率报价的60%左右，解释力很强，比以往的宏观汇率决定理论模型的解释效果要好得多。指令流是指带符号的交易量，即客户买进为正的指令流和客户卖出为负的指令流，作为信息的加总器，它是连接微观交易主体和汇率的枢纽。2006年1月4日，中国在银行间外汇市场引入了人民币对外币的做市商制度。作为风险规避者的做市商通过外汇市场频繁交易出清头寸，从而带来外汇市场巨大的交易量，2008年全年中做市商间交易量占比90%。同时，做市商从客户指令流中提炼出有价值的信息决定做市商间的交易报价和汇价波动区间。实证研究（Evans和Lyons，2002，2004，2006，2007）显示，外汇交易量、外汇交易指令流和外汇买卖差价都是解释汇率短期波动的重要变量。

汇率影响因素复杂多变，在不同的国家、不同的环境、不同的时期影响因素都不尽相同。因此，除了上述影响因素之外，还有很多其他因素对汇率水平也有重要影响，如政治、战争、技术进步、体制因素等等。比如，汇率制度就会对汇率波动会产生重要影响。我国从1994年起开始实行单一的、有管理的浮动汇率制度，但事实上我国汇率一直没有真正"浮动"，其浮动程度虽然近年来有所提升，但实证研究结果显示各时期均低于东南亚各国的汇率浮动程度[1]，最主要的原因还是在于资本项目的严格管制。在资本项目管制下，无论政府争取何种汇率制度，事实上他都收敛于固定汇率（易纲，2000）。因此，人民币汇率改革不仅仅是简单的调整汇率水平，也不是简单的扩大浮动区间，人民币汇率形成机制与资本项目可兑换程度息息相关（郭树清，2003）。所以必须通过资本项目分析来判定政策及体制因素对人民币汇率产生的影响。再比如，技术进步的影响也不能忽略。由于巴拉萨—萨缪尔森效应的作用，技术进步会导致汇率上升，经济增长速度较快的国家，技术进步较快，贸易部门的技术进步速度比非贸易部门更快，随着时间推移，贸易品与非贸易品的相价格会逐步降低。

1　得出该结论的具体分析过程见本人于《社会科学辑刊》2008年第6期上发表的"固定汇率制度与通货膨胀目标制在我国的适用性分析"，P107-111。

第三节　多因素汇率决定的模型构建与实证分析

在本节中，我们将根据宏观经济理论和以往学者的研究选取影响一国汇率变化的基本经济因素，并结合统计和计量经济理论分析，剔除非影响我国汇率波动的变量，最终建立多元线性回归模型分析不同因素对于我国汇率变化的影响趋势及强度，为理解和分析在我国大的宏观背景下汇率变化提供理论依据。本文分析的样本区间为2005年7月至2011年12月，选择该区间作为本文的研究样本区间是符合人民币汇率变化的实际情况。自1994年1月1日开始，我国对人民币汇率制度作出了重大调整，将人民币官方汇率与外汇调剂市场汇率并轨，由1993年12月31日的1美元兑5.80元人民币下调至1994年1月1日的1美元兑8.70元人民币，开始实行以市场供求为基础的、单一的、有管理的浮动汇率制度。此后，人民币密切关注美元走势，有一定程度的变化，汇价逐步从8.70元降至8.27元。但在1997年6月东南金融危机爆发后，为了保持人民币汇率稳定和遏制外部冲击带来的人民币贬值预期，人民币进入紧钉美元的时期，人民币兑美元汇价一直保持在8.27元水平直至2005年7月下旬。2005年7月21日中国人民银行宣布我国实行以市场供求为基础，参考一揽子货币进行调节，有管理的浮动汇率制，此后，人民币基本保持小幅升值态势。1994年汇率制度改革之后，人民币经历了从管理浮动到单一钉住再至管理浮动的变迁路径。因此，本文旨在通过建立回归模型运用计量方法对1994年1月至1997年12月、2005年7月至2011年12月这两阶段名义汇率波动的影响因素进行讨论分析。但由于在1994年—1997年期间汇率变化幅度很小，统计结果多变量不显著，因此意义不大，将该阶段剔除（见附录表A.2）。另外，本文的所有国内数据的来源为中经网宏观数据库月度数据、中国人民银行网站、国家统计局网站、国家外汇管理局网站以及中国外汇网；所有美国数据的来源为美国联邦储备委员会网站公布的数据，国际原油价格月度数据来自于美国能源信息调查署网站（EIA），国际黄金价格月度数据来自世界黄金协会网站（WGC）。

一　变量选取和建模依据

一国外汇供求的变动要受到许多因素的影响，而各个因素之间又有相互联系，相互制约，甚至相互抵消的关系，汇率变动的原因极其错综复杂。因此，本文在参考宏观经济理论和以往学者研究的基础上，列出一系列可能影响我国汇率的变量，并在此基础上，通过相关性分析剔除具有共线性的变量，通过格兰杰因果关系检验剔除自变量中的内生变量，然后对剩下的变量同汇率做多元协整分析，确定影响汇率中短期变化的变量个数，通过多元回归分析，剔除不显著变量，最终得出影响我国汇率变化的多元回归方程。

总结前一节的理论分析，我认为，各种影响汇率的主要经济因素与汇率之间大致呈以下这种脉络关系，如图4-1。巨额的贸易顺差及大量的资本流入（FDI）导致一国外汇储备激增，外汇储备增大促使国内通货膨胀加剧，物价上涨，同时国内利率水平下降。通货膨胀加剧长期可能会造成本币汇率下跌，具体结果还应区分具体衡量通货膨胀指标中的贸易品和非贸易品价格变化。利率水平下降可能会有两种后果，一种是资本外逃，另一种可能会引起资本市场资产价格上升而促使资金流入，这两种后果对于汇率的影响是不同的。因此，无论是通货膨胀还是利率差异的变化对于汇率影响的趋势和强度都是不定的，需要通过实证检验得出结论。其他经济因素都是直接或间接地通过影响以上主要因素，进而影响汇率变化，我们要进一步进行分析、筛选和剔除。

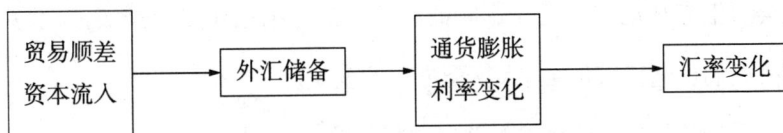

图4-1 主要经济因素影响汇率变化流程图

（一）影响汇率的主要经济因素

1.国际收支状况和外汇储备

国际收支是一国对外经济活动的综合反映，它对一国货币汇率的变动有着直接的影响。从外汇市场的交易来看，国际商品和劳务的贸易构成外汇交易的基础，它们决定了汇率的基本走势。以国际收支经常项目的贸易部分来看，当一国进口增加而产生逆差时，该国对外国货币产生额外的需求，这时，在外汇市场就会引起外汇升值，本币贬值，反之，当一国的经常项目出现顺差时，就会引起外国对该国货币需求的增加与外汇供给的增长，本币汇率就会上升。反之亦然。外汇储备对于一国汇率变化的影响相类似，持续的贸易顺差导致一国外汇储备的不断增加，进而无论从经济上还是从政治上都会给该国货币造成升值的压力。外汇储备的变化同贸易收支情况密切相关，因此，二者皆同汇率高度相关。在本文的样本区间内，净出口同汇率的相关性为68%，外汇储备同汇率的相关性到达99%，而净出口同外汇储备之间的相关性为71%。为了避免多重共线性的存在，并结合我国巨额贸易顺差和外汇储备高度依存的局面，我们选择外汇储备为进入模型方程的变量。以国际收支资本项目的资本流入部分来看，由于我国资本项目严格管制，资本流入的主体部分是FDI，FDI的大量进入会引发外币对于本币的需求，引发本国货币的升值；此外，进入我国的FDI多集中在出口贸易产业，其投资的结果是大量带动我国出口，进一步引发人民币升值。在本文的样本区间内，检验资本流入FDI与汇率的相关性较高而资本流入FDI与外汇储备的相关性不高，这可能是由于难以估测的大量游资也会对汇率波动产生巨大影响的缘故，具体结论还要依据实证检验的结果，故我们也选择FDI为进入模型方程的变量。

2.通货膨胀率差异和货币供应增速差异

通货膨胀是影响汇率变动的主要因素。在纸币流通条件下，两国货币之间的比率是根据其所代表的价值量的对比关系来决定的。因此，在一国发生通货膨胀的情况下，该国货币所代表的价值量就会减少，其实际购买力也就下降，于是其对外比价也会下跌。如果对方国家也发生了通货膨胀，并且幅度恰好一致，两者就会相互抵消，两国货币间的名义汇率可以不受影响，然而这种情况毕竟少见，一般来说，两国通货膨胀率是不一样的，通货膨胀率高的国家货币汇率下跌，通货膨胀率低的国家货币汇率上升。为此，我们选择中美两国的消费者物价指数CPI之差作为度量两国通货膨胀之间差异的指标，且具体操作时取2005年7月为100，以统一基准，便于比较两国之间的物价水平差异。此外，如前所述，两国的货币供应增长率差异也是影响汇率的重要因素，但是货币供应增长率的差异实际上会间接地影响两国通货膨胀的差异，只是通货膨胀率的改变时间上会存在一定的滞后。在本文中，我们用中美两国货币供应量M2的增速差作为度量两国货币供应量的差异，通过研究发现，剔除滞后因素后的货币供应差异和通货膨胀率差异高度相关，其相关性高达95%。因此，为了避免回归方程的多重共线性并考虑通货膨胀率差异对于汇率改变的直接影响，我们选择通货膨胀差异作为回归方程的自变量，而剔除货币供应量差异这一变量。

3.经济增长率差异

在其他条件不变的情况下，一国实际经济增长率相对于其他国家上升较快，会使该国增加对外国商品和劳务的需求，结果会使该国对外汇的需求相对于外汇供给增加，导致该国货币汇率下跌。不过在这里注意两种特殊情形：一是对于出口导向型国家来说，经济增长是由于出口增加而推动的，那么经济较快增长伴随着出口的高速增长，此时出口增加往往超过进口增加，其汇率不跌反而上升；二是如果国内外投资者把该国经济增长率较高看成是经济前景看好，资本收益率提高的反映，那么就可能扩大对该国的投资，以致抵消经常项目的赤字，这时，该国汇率亦可能不是下跌而是上升。我国就同时存在着这两种情况，即经济增长高度依赖于出口，而且出口持续的超过进口；国外资本通过各种渠道进入中国，追逐高经济增长带来的资产价格的攀升。为此，我们选择中、美两国工业增加值增长率之差作为度量两国之间经济差异的指标。不过考虑到我国资本账户并没有完全开放，而且我们在研究中发现经济增长差异和通货膨胀差异之间高度相关，二者的相关性超过50%，同时短期内经济增长对于汇率的影响是否显著有待检验，因此，经济增长率差异对于汇率的中短期影响是未知的。

4.利率差异

利率水平高低会影响一国金融资产的吸引力。一国利率的上升，会使该国的金融资产对本国和外国的投资者来说更有吸引力，从而导致资本内流，汇率升值。当然这里也要考虑一国利率与其他国家利率水平的相对差异，如果一国利率上升，但别国也同幅度上升，则汇率一般不会受到影响；如果一国利率虽有上升，但别国利率上升更快，则该国利率相对来说反而下降了，其汇率也会趋于下跌。另外，利率的变化对资本在国际流动的影响还要考虑到汇率预期变动的因素，只有当外国利率加汇率的预期变动率之和大于本国利率时，把资金移往外国才会有利可图，这也是利率平价理论要表达的主要思想。此外，一国利率变化对汇率的影响还可通过贸易项目发生作用。当该国利率提高时，意味着国内居民消费的机会成本提高，导致消费需求下降，同时也意味资金利用成本上升，国内投资需求也下降，这样，国内有效需求总水平下降会使出口扩大，进口缩减，从而增加该国的外汇供给，减少其外汇需求，使其货币汇率升值。但一国利率相对于其他国家利率水平的上升，也不是必然会引起本币升值，倘若本国利率水平的变化引起本国资本市场上资产价格发生变化，进而改变资本流动的方向影响到本币币值的变化，如本国利率水平上升，可能会导致本国资本市场上资产价格下降，导致资本外流，从而使本币汇率下跌。因此人民币利率对于汇率水平的中短期影响结果是未知的，要看最终的实证结果，关键是看利率变化对于资本流动和资本市场资产价格变化哪个产生的影响更大。基于此，本文选择中美两国1年期国债收益率之差作为度量两国利差的指标，借此来探讨两国利差对于我国汇率的影响。

5.财政收支状况

政府的财政收支状况常常也被作为该国货币汇率预测的主要指标，当一国出现财政赤字，其货币汇率是升还是降主要取决于该国政府所选择的弥补财政赤字的措施。一般来说，为弥补财政赤字一国政府可采取4种措施:一是通过提高税率来增加财政收入，如果这样，会降低个人的可支配收入水平，从而个人消费需求减少，同时税率提高会降低企业投资利润率而导致投资积极性下降，投资需求减少，导致资本品、消费品进口减少，出口增加，进而导致汇率升值；二是减少政府公共支出，这样会通过乘数效应使该国国民收入减少，减少进口需求，促使汇率升值；三是增发货币，这样将引发通货膨胀，由前所述，将导致该国货币汇率贬值；四是发行国债，从长期看这将导致更大幅度的物价上涨，也会引起该国货币汇率下降。在这四种措施中，各国政府比较有可能选择的是后两种，尤其是最后一种，因为发行国债最不容易在本国居民中带来对抗情绪，相反由于国债素有"金边债券"之称，收益高，风险低，为投资者提供了一种较好的投资机会，因此在各国财政出现赤字时，其货币汇率往往是看贬的。在本文的样本区间内，中美两国流通发行的国债占GDP的比率与汇率变化的相关性较高而与通货膨胀相关性较低，故我们选择中美两国流通发行的国债占GDP的比率作为度量两国债务的指标，并借此来分析两国财政状况对于我国汇率的影响。

综上所述，本文选择如下六个指标作为分析影响我国汇率的主要经济因素，分别为外汇储备、FDI、通货膨胀差异、工业生产增长率差、两国利差、中国和美国债务占各自GDP的比率。

（二）影响汇率变化的其他因素

除了以上几个因素之外，一些变量也被学者和经济学家们认为是影响汇率的重要因素，包括外汇交易量和买卖价差、贸易条件（TOT）、国际黄金价格和原油价格等。

首先，外汇市场微观结构理论认为外汇交易量、外汇交易指令流和外汇买卖价差会影响汇率水平，因此要把这些变量作为分析影响汇率变化的因素。但是，本文认为外汇的买卖差价一方面取决于该国货币在国际市场的流动性，即交易量；另一方面取决于该国汇率价格的合理性。如果该国货币被高估，那么买卖价差就会扩大，反之亦然。此外，格兰杰因果关系检验也证实了汇率变动决定外汇买卖差价的变动，而反之则不成立。因此，外汇买卖差价将不作为本文研究汇率变化的因素。而外汇市场指令流和外汇交易量的月度数据极难获得，因此本文未加考虑，但不意味着其重要性低，反而在汇率短期研究中极为重要。另外，如前所述，一些学者认为贸易条件（TOT）是影响一国汇率的基本因素之一，但是从格兰杰因果关系检验中得到的验证并不支持，即汇率变化是因为对外贸易调价的原因，而反之不成立。关于黄金价格和原油价格会通过影响美国汇率进而影响中国汇率的观点，本文认为这样的说法是禁不起推敲的。首先，美元作为世界贸易的结算和储备货币，其内在价值的变化将直接反映在如黄金和原油等贵金属和大宗商品的价格上，因此，应该说是美元价值的变化引发了黄金和原油价格的变化，而非反之。此外，不同于六、七十年代，原油价格对于一国总计的价格水平有较大的影响，对于美国这样庞大的经济体，原油价格变化对于整体经济的影响十分微弱，并且，最近几年，并没有出现六、七十年代原油供给危机带来的价格冲击，导致美元的贬值现象的发生，因此，在我们的研究中，没有将黄金和原油价格纳入模型中。

经上探讨，最终我们选择如下7个变量作为研究我国汇率变化的基本要素，分别为外汇储备（reserve）、通货膨胀差异（inf_spread）、工业生产增长率差（ind_spread）、两国利率差异（int_spread）、中国和美国债务占各自GDP的比（debt_China和debt_US）和FDI。接下来，我们将以这些变量作为自变量与作为因变量的汇率（exchange[1]）构建多元回归方程，以考察不同因素对于我国汇率的影响趋势和强度。

二　模型构建与回归分析

本文的基本模型为：

1　这里的汇率为直接标价法下的汇率，即e上升代表外币汇率上升而本币汇率下跌，反之亦然。

$$exchange_t=c+\beta_1\times reserve_t+\beta_2\times inf\text{-}spread_t+\beta_3\times ind\text{-}spread_t+\beta_4\times int\text{-}spresd_t+$$

$$\beta_5\times debt\text{-}China_t+\beta_6\times debt\text{-}US_t+\beta_7\times FDI_t+\varepsilon_t\ \cdots\cdots$$

应用多元回归分析，基本回归结果如下：

表4.1 方程4.1的回归结果

Variable	Coefficient	Std. Error	t-Statistic	Prob.
C	8.758139	0.241385	36.28280	0.0000
reserve	−9.56E−07	4.05E−08	−23.59053	0.0000
Variable	Coefficient	Std. Error	t-Statistic	Prob.
Debt_US	0.276436	1.797302	0.153806	0.8787
int_spread	−0.054703	0.007348	−7.444181	0.0000
Ind_spread	−0.000309	0.004120	−0.074971	0.9407
Debt_China	−2.34E−05	4.46E−05	−0.524505	0.6033
Inf_spread	0.008202	0.004183	1.960887	0.0581
FDI	−0.001084	0.000405	−2.678115	0.0113
R-squared	0.995491	Durbin-Watson stat	1.308772	
Adjusted R-squared	0.994562	F-statistic	1072.237	

从表4.1中我们可以看出，总体而言，方程的拟合效果良好，拟合优度 R^2 高达99%，且F统计量也异常显著，说明模型设置基本合理。但是，在检验t统计量时发现，美国国债负债率debt_US、中国国债负债率debt_China和两国工业增长率之差ind_spread并不显著，即从方程4.1来看，这三个变量对于我国汇率的变动并没有显著影响。美国国债负债率debt_US和中国国债负债率debt_China是衡量政府财政收支状况的指标，从现实情况来看，一方面，从改革开放之后，我国财政一直是赤字运行，尤其在98年以来实施积极的财政政策（扩张财政政策），赤字规模不断扩大，国债规模急剧膨胀，而人民币仍然呈现一种超稳定的状态，这主要是和我国"增债

扩支"的财政扩张模式和"与央行绝缘"的赤字弥补方式密切相关。另一方面，2005年之后，随着我国的外汇储备不断增加，我国购买美国国债的总额也越来越高，美国的负债比率并没有影响我国对于美国国债的购买。而美元作为世界各国的最优储备货币，各国都持有美国资产，特别是美国国债作为储备资产，因此，就目前来看，美国的高负债率并没有影响美国国债的收益率，进而影响美元的汇率。此外，中国国债的发行比率一直偏低，在税收大幅攀升的情况下，财政收入连续出现盈余，因此，我国国债的发行对于居民消费及进出口地影响微弱，进而对于我国汇率的影响不明显。另外，衡量经济增长差异的指标选择两国工业增长率之差，而未选择两国GDP增长率之差，是由于两国工业增长率有月度数据，可以替代衡量经济增长指标，它是一个对汇率有显著影响的长期指标，但从经验证据来看，在短期内两国工业增长率之差ind_spread对汇率影响并不显著。

为此，我们在方程4.1中剔除如上三个不显著的变量，重新回归，结果如表4.2。

表4.2　剔除方程4.1中不显著变量后的回归结果

Variable	Coefficient	Std. Error	t-Statistic	Prob.
C	8.795580	0.041695	210.9516	0.0000
FDI	−0.001210	0.000340	−3.558716	0.0010
Reserve	−9.62E−07	2.72E−08	−35.38892	0.0000
Int_spread	−0.052009	0.006037	−8.615118	0.0000
Inf_spread	0.005626	0.002472	2.275867	0.0287
R-squared	0.995409	Durbin-Watson stat		1.295805
Adjusted R-squared	0.994913	F-statistic		2005.678

从表4.2中可以看出，剔除表4.1中不显著的变量之后，方程的回归基本没有发生变化。拟合优度还是高达99%，F统计量也显示回归方程整体高度显著。另外，对回归方程的残差进行ADF检验结果显示，残差序列平稳，说明了自变量和因变量之间存在着协整关系，即表4.2中选择的4个变量能够解释说明我国汇率变化的趋势，且这样的关系是稳定的。此外，方程的残差序列的D.W值为1.3，虽然不够理想，但是，我们对残差序列的通过LM检验发现，残差序列不存在序列相关，这也说明回归变量的t统计量是显著可信的。

最后，从自变量回归系数的符号来看，在其他条件不变的情况下，FDI的增量对于汇率的作用为负，即FDI的大量进入会引发对本币的需求，引发本国货币的升值，外国货币相对贬值，这同我们前面探讨FDI变量的经济意义时得到的结论相似。另外，外汇储备增加对于汇率的作用为负，这也与我们之前探讨外汇储备的经济意义时的结论一致，即一国外汇储备增加，本币汇率上升，而外币汇率相对下降，反之亦然。此外，中美两国利差扩大对于我汇率的影响为负，也与经济理论保持一致，即倘若两国利差扩大，本国利率水平相对上升，本币汇率上升而外币汇率相对下降，反之亦然，结果显示利率水平相对上升引起外资流入的影响要比其对于资本市场资产价格的影响更大。最后，若两国通货膨胀差异的扩大，本国通货膨胀相对上升，将导致人民币贬值，人民币汇率下降而美元汇率相对上升。

虽然表4.1和表4.2的回归结果很好地解释了影响我国汇率变化的因素和机制，但是，并没有回答这些因素的变化对于汇率变化影响的强弱程度，即哪些变量对于汇率波动的影响最大，哪些次之的问题。为此，我们将采取逐步回归法，即按照自变量同因变量相关性大小的顺序排序，从相关性与汇率最大的变量开始，与汇率回归，然后逐步按相关性递减的顺序添加变量，并考察拟合优度的增量，进而来分析不同变量对于汇率的影响强弱。

通过相关性分析得，表4.2中四个自变量与汇率的相关性排序为外汇储备、利差、FDI和通胀差。具体可以见表4.3。

表4.3　表4.1中自变量同因变量的相关性

Exchange	Reserve	Inf_spread	Int_spread	FDI
Correlation	−0.99	−0.34	−0.86	−0.54

逐步添加变量的回归的拟合优度变化如表4.4所见，外汇储备对于汇率的解释力非常之强，其单独一个变量对于汇率变化的解释高达98.3%。其他三个变量加在一起对于汇率变化的额外解释力仅为1.7%。这也说明了，贸易顺差导致的外汇储备激增是影响我国汇率变化的最主要因素，这里一方面包含了经济因素，同时也包含了国际贸易间政治的压力等其他因素。

表4.4　添加变量后方程拟合优度的变化

添加的变量	Reserve	Int_spread	FDI	Inf_spread
拟合优度	0.983	0.9937	0.9943	0.9954

第四节 外汇储备适度规模测定与管理方案设计

在第三节中，我们通过建立多元线性回归模型分析了不同因素对于我国汇率变化的影响趋势及强度，得出重要结论，即影响我国汇率中短期变化最主要的因素是外汇储备额的变化。通常来说，外汇储备问题相关研究主要包括储备数量、储备规模和储备结构三个方面，三方面虽然内涵不同，但关系密切。储备数量侧重于适度规模的研究及宏观经济变量的影响研究，储备风险贯穿于外汇储备管理中，侧重于风险识别与度量，储备结构是在适度储备规模前提下，各储备资产占储备资产总量的最优比例。总的来说，外汇储备最基本、最首要的问题是测定适度规模并提出符合实际的管理方案。

一 我国外汇储备现状及其规模测定

（一）当前我国外汇储备的现状及成因

在汇率影响因素中最重要的因素是外汇储备额的变化，即当前我国积累的2万多亿美元的外汇储备是导致汇率面临升值及压力的最主要原因。

1 我国外汇储备的现状及特点

外汇储备是指一国货币当局持有的、可用于对外支付的国外可兑换货币，其来源主要是外贸顺差和资本净流入。外汇储备实质上是由一国货币当局对内的货币发行权益经由货币交换而产生的外汇产权，通过货币发行、货币交换和特定的外汇管理制度，市场经营主体将外汇所有权让渡给了货币当局，而货币当局则给予经营主体相应的本国货币。

自1994年外汇管理体制改革以来，我国外汇储备规模不断增加，2007年年底中国外汇储备额已经占GDP比重的45.6%，成为经济金融发展中重要的影响因素，截至2009年6月末，国家外汇储备已经超过2万亿美元。当前外汇储备这种指数递增的趋势，加剧了中国物价上涨的压力，使本币发行量增大，流动性泛滥，本币利率下降而人民币汇率上升，严重弱化了中央银行对货币供应量的控制能力及效应。与此同时，我国在外汇储备管理上形成了重"量"不重"质"的特点，忽视外汇储备结构管理问题。当前我国外汇储备资产主要是以金融资产为主，而在金融资产中又以美国国债为主。随着金融危机的全面爆发，以美元为主，尤其是以美国国债为主的单一的资产结构使我国的外汇储备面临较大的风险。

当前我国外汇储备的特点主要体现在三个方面：第一，巨额外汇储备导致财政成本、机会成本以及货币政策自主性丧失成本增加。据估算，2000年至2007年年底，人民银行发行央行票据进行外汇冲销的利息支出达3089.86亿元，每年外汇储备总的直接成本高达764.9亿美元，相当于借入年利率7.2%的资产，而央行运用外汇储备的投资收益率仅为1%左右。巨大的成本收益反差要求我国不断提高外汇储备投资收益，实现外汇储备的保值增值；第二，近年来国际外汇储备管理的主要发展趋势是积极的营运管理。积极运营管理拓展了投资空间同时也放大了投资风险。以中国投资有限责任公司成立为标志，我国外汇储备管理的重点开始从追求安全性、流动性的保守管理走向追求收益性的积极管理，将高收益的固定收益产品和股权投资纳入到外汇储备资产组合之中。在美国次贷危机爆发后，中投公司的巨额亏损使我们感受到国际金融市场蕴藏的巨大风险，也为我国外汇储备的积极管理带来极大的挑战；第三，当前我国外汇储备来源结构中资本项目的比重正在逐步增大，从2001年至2008年年底国际收支的相关数据看，短期债务资本流动贡献率呈上升趋势。热钱流动具有易变性和突然性，这将加大外汇储备增长的不稳定性。

2 巨额外汇储备形成的原因分析

巨额外汇储备形成的原因有很多，它是多种原因交叉作用的结果。已有的研究认为过多外汇储备的形成是源于经济快速增长、持续双顺差、短期债务迅猛增长、资本和金融项目管制下的银行强制结售汇制度和银行结售周转头寸限制、投资者信心、货币错配[1]以及利差和人民币升值预期等等因素。但笔者认为，积累如此庞大的外汇储备最主要的原因是不对称、不公平的国际货币体系的必然结果。现行的国际货币体系是美元本位制货币体系，二战之后美元这种国别货币一直担负着世界货币的角色，这是由其强大的经济实力决定的，因此美元霸权是现行国际货币金融领域一种重要现象。这是一个极不对称的货币体系。美元本位制会为美国带来很多好处，如获得国际铸币税收入，美元贬值可使美国刺激出口同时又减轻对外债务，美国企业可避免外汇风险和汇兑成本等等，却没有很好地履行和承担相应的义务，如没有维持全球汇率结构稳定，没有扮演好全球最后贷款人的角色，更多的时候仅仅是出于自身利益的考虑等等，从而导致美国享受了更多的收益，而美国以外的其他国家承担了更多的成本，外汇储备激增导致的通货膨胀就是这些国家承担的成本之一。

（二）外汇储备规模测定方法及经验证据

在20世纪六、七十年代西方学者对外汇储备适度规模就进行了深入的

1　最早出现在关于主权债务币种结构的文献中（Cooper，1971；Calvo，1998；Mishkin，1996，1999）。Goldstein和Turner（2005）对货币错配所下的定义是：由于一个权益实体（包括主权国家、银行、非金融企业和家庭）的收支活动使用了不同的货币计值，其资产和负债的币种结构不同，导致其净值或净收入（或者兼而有之）对汇率的变化非常敏感，即出现了所谓的货币错配。

研究（Heller，1966，Crockett，Andrew D，1978，Grubel，Herbert G，1971），他们采用了比例分析法、需求分析法、成本收益分析法、因素分析法和其他分析方法对外汇储备的适度规模进行了研究。Heller和Khan（1978）认为，一国政府在管理外汇储备规模时，外汇储备是一种对实际资源的要求权，持有外汇储备即是放弃这种权利。持有外汇储备的成本即是指如果放弃持有外汇储备，利用外汇储备进行投资和消费所能带来的收益。持有外汇储备的收益是指利用外汇储备弥补国际收支逆差和稳定汇率以及阻止其他外部冲击，以避免对本国经济造成的损失，当边际成本等于边际收益时，利润才能达到最大化。弗莱明（J. M. Fleming）认为，如果储备库量和增长率使储备的缓解程度最大化，则该储备存量和增长率就是适度的。阿格瓦尔（Agarwal，1971）认为，发展中国家的经济特征和经济状况决定了发展中国家持有国际外汇储备的数量比发达国家多。Frenkeland和 Jovanvoc（1981）扩展了Heller的理论模型，利用存货管理的原则来决定最优的外汇储备规模。最优的外汇储备规模被定义为是使持有外汇储备的机会成本和调整成本（adjustment cost）期望和最小化的外汇储备量。

近几年来我国学者围绕着以上理论及测定方法，对我国的外汇储备适度规模进行了研究。马之骕（2005）对储备/进口比例法作了详细介绍，并对其缺陷进行了重点分析。此外，他还介绍了储备/对外支付逆差总额，货币主义学派的储备/国内货币供应量、储备/对外流动性负债等比例分析方法。吴丽华（2006）运用Argarwarl的模型对我国持有外汇成本和收益进行了分析，测算出我国的适度外汇储备水平，从而得出我国当时的外汇储备过多的结论。武剑（2006）系统运用比例分析法对我国的外汇储备规模进行了纵向和横向分析，他的纵向分析包括:一是存量指标，指的是储备/债务余额、储备/月进口额；二是增量指标，包括外债增量/外汇储备增量、经常项目差额/外汇储备增量和经济增长率等。许承明（2003）在Frenkel模型的基础上，根据我国的具体情况设定我国的外汇储备需求模型，通过回归方法确定最后的外汇储备需求方程，得到的结论是:我国实际外汇储备处于"相对过剩"状态。大多数的经验证据均显示，我国外汇储备过多，持有过多的外汇储备成本巨大，应考虑有效分流和管理巨额外汇储备的方法措施。

二 巨额外汇储备对汇率及经济产生的影响

外汇储备激增有较强的正面效应，但同时也存在潜在深刻的负面效应。首先，外汇储备增长会影响货币政策结构，降低货币政策的主动性和预期效果。当外汇储备迅猛增长时，一国央行为了控制货币供应量会压缩除外汇占款外的其他基础货币投放渠道从而改变货币供给渠道，这种结构失衡将弱化我国货币政策效力。同时在当前强制结售汇制度下央行会被迫入市干预以维护汇率稳定，投放大量基础货币造成通货膨胀，央行为抑制通胀压力，提高利率，结果导致外资流入使通胀压力加剧，从而降低货币政策自主性。其次，外汇储备增长加大了通货膨胀压力。一国的外汇储备占款是中央银行的一项资产，具有高能货币的性质，通过乘数效应能够成倍放大货币供应量，货币供应量的迅速上升会导致通货膨胀压力。再次，外汇储备增长增加了持有外汇储备的机会成本。并促进人民币汇率升值。人民币升值预期将促进大量资金流入，推动外汇储备增加和资产价格上升，导致资产泡沫化，易促使金融危机生成。

针对外汇储备增加的诸多负面效应，我国也采取了多种方案，如成立外汇投资管理公司、开辟资本市场B股市场等方法，但效果并不显著。另一方面，强制结售汇制度将企业的外汇资金都集中到在中央银行手中，中央银行因此积聚了大量风险。目前我国官方外汇储备居世界第一位，日本第二位，但实质上由于日本是藏汇于民的，如果算上民间的外汇储备量，我国未必是世界第一位的。因此，强制结售汇制度要分步骤改革才能从内部解决外汇储备过多的问题。因此，倘若不妥善解决和处理外汇储备规模问题，巨大的储备规模将导致人民币汇率巨大的升值压力，增加汇率的不可控性，使汇率工具失去调节经济的作用，成为我国经济发展的掣肘。

三　新时期外汇储备管理的方案措施及政策建议

针对巨额外汇储备存在的种种不利结果，人民银行采取了发行央行票据、提高准备金率等手段回笼资金，但这些连锁反应削弱了货币政策的调控空间，也增加了宏观调控的难度，效果并不理想。为扭转目前的不利局面，我国应抓住时机尽快优化外汇储备结构，合理利用外汇储备，改革货币制度，用自身的币值更为稳定的货币来标示这些国际净财富，这样才能维护国民财富安全，夺回货币发行权，实现人民币国际化，从而推动国际货币体系重新构建。因此，我们要研究外汇储备的适度规模及最优结构问题。针对这个问题，目前已存在大量的理论研究，并有大量的政策建议和实施方案。如为了降低巨额外汇储备带来的风险，国家外汇管理局推出了鼓励"藏汇于民"的外汇六项新政，通过放松居民个人购汇进行外汇投资、推出合格境内机构投资者等政策，以拓宽资本流入流出的"双车道"，增加可以促进国内产业结构调整和技术进步的商品技术进口，以缓解外汇储备的增长。解决国际收支失衡，更多的要在扩大内需与改革外汇管理体制上下工夫。通过扩大内需可以改变经济增长过度依赖外贸局面，从而扭转贸易顺差和外汇储备持续快速增长的状况。另一方面，应进一步完善汇率形成机制，增强汇率浮动弹性，扩大其浮动区间，从而加大投机进出资金的风险成本，抑制其投机操作，起到释放升值压力、减少外汇储备快增的作用。在汇率机制不断完善的过程中，企业、金融机构、居民和其他市场主体都需要适应从管制到放松的环境变化，学会认识和应对汇率风险。货币当局也采取了很多措施优化外汇储备结构，如逐渐减少对美元国债的持有，增加IMF债券的投资，实行多元化资产管理，存量美元资产中进行期限调整，提升产业投资比重，投资于黄金、能源、战略物资，注资金融机构，投资于国计民生等等方式。

在新时期、新背景下，外汇储备管理又呈现出新的特征。在金融危机过后，针对外汇储备管理的新特征提出以下方案措施。

（一）注重国际收支均衡管理

针对我国长期奉行的高储备政策及"宽进严出"的单边国际收支政策，一些学者提出了"藏汇于民"及鼓励企业大胆"走出去"的战略设想。但在当前金融危机的背景下这些设想存在问题或可能引致损失，因此，我们应高度重视在快速分流外汇储备的过程中的国际收支均衡管理问题，保持外汇储备规模的相对稳定性，避免突发性的对外支付困难。我认为，应着重做好以下四方面的工作：一是健全国际收支统计监测预警机制，实现对全口径外汇收支的全程监控、及时预警；二是坚持资金流出入均衡管理的原则和稳定政策，防止异常资金绕道规避监管，重点是加强对贸易、个人、外债、外资等渠道外汇资金流出入管理，现阶段特别需要对资本外流的规模和速度进行有效的监控；三是协调运用财政、货币、汇率政策，在配合国家扩大内需的同时，积极支持外贸出口，防止全球经济危机对我国经常项目构成持续负面影响；四是加强国内和国际监管合作。央行、海关、商务等部门要加强信息沟通和政策协调，形成监管合力，还要完善国际磋商合作机制和框架，通过双边及多边国际组织，共同防范和抵御金融危机的侵袭。

（二）进一步创新外汇储备管理模式，引入主权养老基金，有效实施外汇储备积极管理

一般认为，主权财富基金具有敏感的政治背景，其投资动向带有强烈的政治色彩和战略动机，故而其投资结构、风险头寸等重要信息秘而不宣，对其监管往往无章可循。从参与投资美国黑石公司的IPO，到购买摩根士丹利，组建不久的中投公司引起的关注程度远远超过了其他任何投资主体的同类投资行为，一定程度上激化了国际上所谓的"中国投资威胁论"。利用庞大和过多的外汇储备，建立独立于中投公司的主权养老基金，采取积极型的境外投资策略，既可实现分流过多外汇储备以提高其收益率的目的，又有助于缓解老龄化为社会保障制度带来的财务支付压力。主权养老基金的性质决定了其信息透明度高，实行完全的独立法人治理结构，遵循商业化运作原则，追求单纯的收益最大化原则。由于主权养老基金的服务对象是以社会公众作为受益人，政治色彩不浓厚，容易获得发达国家的认可，是防止"中国投资威胁论"、创造外汇储备良好投资环境的一个有力措施。

（三）确定外汇储备投资的具体投向

合理利用外汇储备，实现经济资源的优化配置，有多种途径和方法：第一，可考虑扩大如铁矿石、石油等战略性物资储备。我国是多人口国家，人均资源和能源占有量低于世界平均水平，积极增加战略物质储备以备未来之需非常必要；第二，可考虑用于充实农村商业银行资本金以解决农村金融抑制的现象。当前农村资金已成为其经济发展的瓶颈，如果能将外汇储备的部分资金转化成为支农的补贴资金，既能解决农村金融抑制的问题还能为新农村建设提供支持；三是可考虑积极参与国内重点建设项目投资，配合国家内需拉动经济转型，尽量避免二次结汇；四是投资于中国企业境外上市股票。中国企业的成长性符合外汇储备保值增值的长远目标要求，当前金融危机后这些股票的市价多数已低于当初的IPO价格，是千载难逢的增持良机；五是在国际金融市场进行指数化投资，将外汇储备的投资风险有效降低至系统风险水平。

（四）重塑国际货币体系，推进人民币国际化进程

研究人民币国际化的方法和步骤，这是更为长远的策略。我们应尽快地使用巨大外汇储备改造国际货币体系，推进人民币国际化的进程，可考虑长期内建立以新金本位制为基础的二元货币体系，以黄金储备为基础发行黄金券，黄金券按一定比例与黄金挂钩，具有稳定的内在含金量，并可随时兑换成黄金现货。外汇可直接兑换成黄金券，不可直接兑换人民币，人民币可直接兑换黄金券。在国内经济运行中仍使用不以含金量为基础的人民币，在国际汇兑中使用以含金量为基础的黄金券，我国就在国内和国际两个市场上建立起二元制货币体系。通过构建二元制货币体系可以扭转我国对内丧失货币发行主权，对外国民财富流失的不利局面。这种改造是人民币国际化过渡阶段的产物，要有计划、分步骤地实行。首先要优化我国的国际储备结构，减少美元资产增加黄金比重，实现外汇资产多元化。当实现以黄金储备为基础发行黄金券就实现了黄金货币化，稳定的币值增

加货币对外发行量从而为人民币国际化奠定基础。紧接着，该种货币制度改革会在国际范围内形成很好的示范作用，推动其他国家的货币制度改革并促进国际货币体系重建。总之，通过增加黄金储备，优化国际储备结构，以黄金储备为基础发行黄金券，实施新金本位制度，不仅目前能够维护国民财富安全，重掌货币发行权，保障国民经济稳健运行，还能够稳定国际经济秩序，促进国际货币体系重新构建。

第五节　其他影响因素存在的现实问题与应对措施

　　影响我国中短期汇率变化的因素除了排在第一位的外汇储备额变化外，其次是两国利率差异、外商直接投资和两国通货膨胀差异。重要性排序问题的研究对于我国在未来制定有效的宏观金融经济政策和汇率工具的运用和控制有着不可低估的重要作用。针对我国的现实情况，结合研究获得的相关结论，在本章中，我们将提出相应的政策建议及实施方案，进而有效地使用汇率工具发展和促进经济。

　　一　通货膨胀、利率和汇率之间的传导机制不畅，货币政策、利率政策和汇率政策的协调机制出现扭曲

　　利率差异和通货膨胀差异是影响汇率的重要因素，实证分析显示，利差的影响强度比通货膨胀差异要大。当前中国经济中的通货膨胀呈现明显的结构性特征。农产品价格上涨带动食品价格上涨，这是拉动PPI和CPI上涨的主要原因，见图4-2。

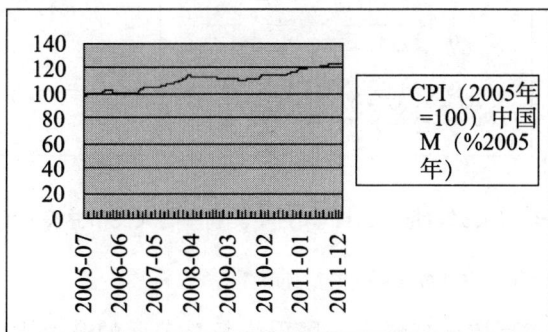

图4-2　2005年7月—2011年12月我国CPI增长情况（2005=100）

资料来源：中经网《统计数据库—宏观月度库》

农产品价格上涨，国际原油和有色金属价格高位运行，以及节能减排力度加大带来的生产资料成本价格的上涨都表现出持久性特征。物价上涨和人民币汇率升值使人民币内外价值背离，见图4-3。

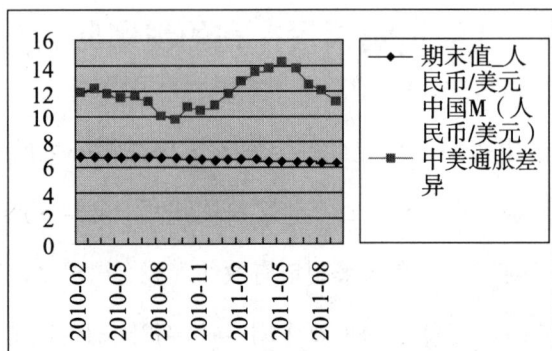

图4-3　2005年7月—2011年6月中美通胀差异与人民币兑美元汇率

资料来源：中经网《统计数据库—宏观月度库》

从货币理论上看，两者的背离现象难以持久。人民币国内购买力贬值，必然要求央行提高利率以对抗通货膨胀，利率的提高对人民币汇率产生的影响不定，这依赖对于吸引资金流入和引起资本市场下跌而资金外流产生的影响哪个更大，见图4-4。

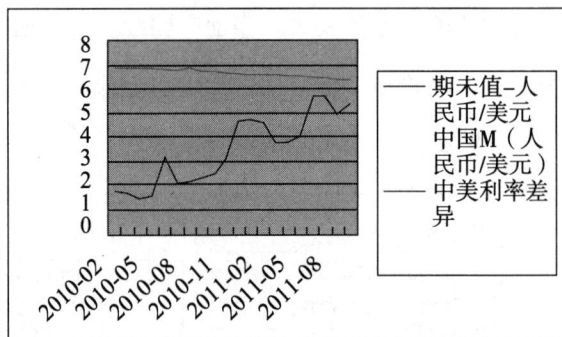

图4-4　2005年7月—2011年6月中美利率与人民币兑美元汇率

资料来源：中经网《统计数据库—宏观月度库》

从当前的实际情况来看，人民币汇率兑美元的升值预期可能会发生逆转。从2003年年底开始，中国人民银行针对我国银行体系流动性持续增多、货币信贷扩张压力较大的问题采取了一系列措施加强金融宏观调控。2006年以来，人民银行多次上调存款准备金率和金融机构存贷款基准利率，同时引导信贷结构优化，稳步推进金融机构改革，进一步增强人民币汇率弹性，加快外汇管理体制改革。同时由于有管理的浮动汇率制度的不断完善，人民币实际有效汇率稳步上升。通货膨胀、利率和汇率之间的联动机制及传导过程虽然在某种程度上仍然较弱且传导不畅，但也并非是完全割断的，货币政策、利率政策及汇率政策之间的冲突依旧存在且异常复杂，但随着一系列制度改革和政策实施，这些冲突和问题将得以解决或逐步完善。

目前通货膨胀、利率和汇率之间的联动机制及传导过程存在的缺陷主要表现在以下几个方面：第一，传导机制不完全，渠道不通畅。在目前资本项目实行管制的宏观经济背景下，国际短期套利资本无法进行充分的套利活动，因此，国内外利率差引起的国际游资流动，从而改变外汇市场上外币供求作用于汇率的这条渠道并不通畅。另外，当前我国利率水平是由货币当局决定的外生变量，而非经济自身决定的内生变量，因此其并不能反映资金供求变化，也不会对储蓄及投资需求进行调节，此渠道也不通畅；第二，传导效应扭曲。目前我国货币政策、利率政策调整对汇率的作用效应差，其影响表现在譬如资本外逃、外汇黑市繁荣等现象上。资本外逃主要表现为国内企业应收外汇滞留境外，非法对外支付外汇，高收低报，高报低进等现象，造成大量逃套汇，严重影响我国的外汇收支平衡和人民币汇率稳定。外汇黑市繁荣在很大程度上也体现出公众对币值的预期，官方汇率与黑市汇率之间的差价将调节着骗汇收益，创造和刺激对外汇的实际需求，对人民币汇率的稳定形成极大的压力。

限制通货膨胀、利率和汇率联动机制发挥作用的制度性因素很多，如利率管制导致利率不完全取决于市场供求、消费需求和投资需求的利率弹性低、汇率缺乏弹性、外汇强制结售汇制度、资本账户没完全开放、国际资本有限流动以及货币政策目标选择等等。由于从1994年起，我国实行结售汇制度，绝大多数国内企业的外汇收入必须结售给外汇指定银行，中央银行对外汇指定银行的结售汇周转外汇余额实行比例幅度管理，上述管理办法使中央银行干预成为必需的行为，特别是近年来，国际收支出现大量顺差，为防止人民币汇率大幅度升值，迫使央行被动干预；另外，结售汇制度还使央行形成巨额外汇储备，加剧国内物价上涨和通货膨胀，通货膨胀进一步加大人民币对内贬值的压力。另外，人民币汇率的变化缺乏弹性。人民币汇率水平不纯粹是由外汇市场供求决定，在很大程度上是受到国家宏观经济政策和中央银行汇率政策目标的制约。在汇率缺乏弹性的情况下，外汇供求的变化可能使外汇黑市活动增加，黑市汇率的波动增加，或者表现为人民币远期升值，外汇储备的剧烈波动最终会反映到汇率变化上。我国汇率缺乏灵活性的深层次原因是在经济发展过程中积累的结构性问题造成内部经济无法承受汇率水平波动所带来的影响。因此，汇率水平越僵化，外部均衡的任务就只能通过运用内部工具即利率政策等来实现了，则货币政策、利率政策和汇率政策的协调机制就出现扭曲。

二　外资流入领域单一，结构不合理，过多的外商直接投资将对汇率产生诸多的消极影响

外商直接投资对我国汇率变化意义重大，它不仅是发展中国家弥补国内资金建设不足、发展经济的需要，也是国际资本追求利润最大化，实现

其全球战略目标的需要。在我国资本项目还没实行可兑换的条件下，FDI
是近年来资本金融项目顺差的主导因素。在现行的资本管制措施中，我国
对资本流出的限制比资本流入的限制多，对短期资本流入的限制比长期资
本流入的限制多，对投入金融领域的外国资本流入限制比对投入实业生产
领域的外国资本流入限制多。虽然我国在资本管制方面的限制在抵御亚洲
金融风暴和维持本国金融体系稳定中发挥了重大作用，但是我国外资流入
的领域仍比较单一，FDI是我国利用外资的主要形式，当前FDI已经占外资
总额的70%左右，对GDP的贡献率也极高，而一国的经济发展需要资本流
入规模和资本流出规模相符合，所以我国需对外资流入结构进行优化，同
时积极发展对外投资。当前仍存在的问题是对外资仍缺乏政策指引和市场
化操作，这样既不利于外资流入结构的优化，也不能利用外资促进国内经
济结构的优化。另外，过多的资本限制将影响外国投资者对国内投资的信
心，从而促使更多流入资本获利后短期内流出，影响金融稳定。

　　由于经济结构及政策导向的差异使得外资流入后对我国的经济贡献
不同于其他国家。在目前经常性项目可自由兑换、资本项目不完全兑换前
提下，过多的外商直接投资对人民币汇率的存在消极影响，主要体现在以
下几个方面：第一，过多的外商直接投资的流入会引起通货膨胀。一方面
由于外商直接投资流入我国后，一部分将兑换成人民币购买本国物品，另
一部分计入企业的外汇账户，用以进口国外的机器设备和原材料。在国
内兑换成人民币的外汇直接扩大了国内的货币供应量，构成了通货膨胀
压力。另一方面外商直接投资流入我国后，一定会使国内配套资金需求增
加，从而诱发价格上涨，构成通货膨胀压力；第二，抑制国内企业发展。
由于过多的外资流入会引发通货膨胀，中央银行为严格控制货币供应量，
会对流入的每笔资金进行对冲操作，减少央行再贷款的数量。对冲操作能

够控制货币供应量，但也会使央行存款中外币比例过高，降低对国内银行的调控能力。再贷款的减少也会使原来流向企业的货币量减少，从而影响国内企业的发展壮大；第三，随着外商投资企业在华获得的利润兑换成外币流出的增加及投资回收期的逼近，经常性项目将会出现逆差，从而改变我国目前的"双顺差"状态。这些问题亟待解决，否则将成为经济发展的掣肘因素。

三 结合实际情况，我国应采取的解决方案及应对措施

（一）逐步改革人民币汇率形成机制，推进利率市场化，加强人民币利率政策和汇率政策的协同配合

中国的资本严格意义是不可以自由流动的，因此利率和汇率的联动程度应该不高。从各种渠道进入的热钱无法统计，因此无法准确判断资本流入的数量。理论上譬如充分的国际资本流动性、套利交易成本为零等假设与现实不符，因此，理论条件与现实有较大差距。首先，短期国际资本是有限流动的，国债及股票市场都尚未对外开放，利率非市场化使国际资本的套利成本增大，套利资本流动有限，同时利率非市场化阻碍人民币远期汇率形成，这些都是阻碍利率-汇率联动机制在中国发挥作用的原因；其次，外汇市场封闭且汇率非市场化，人民币汇率生成机制仍然是强制性结售汇制度，外汇供给强制性而外汇需求弹性较大，外汇供求严重扭曲，同时外汇市场交易主体过于集中，与国际市场缺乏联动关系，形成的汇率也并非真正意义的市场价格。

实证分析结果也显示，中美两国利差是影响人民币中短期汇率排在第二位的重要因素。因此，在未来的研究中，我们必须结合中国实际情况，

在继续主动保持人民币略微升值的状态下，近期从以下几个方面进行改革：

第一，放开企业持有外汇比例限制，推行意愿结售汇制度，增加企业持有量。国家可以根据不同时期的宏观政策和经济发展需要首先确定一个结汇比例，此比例可以根据外汇储备量的增减进行调节，外汇银行根据国家公布的该比例针对国内企业的每笔贸易收入结汇，然后批准所有企业开立现汇账户保留现汇，账户内外汇可用于进口支付和外汇远期、期权交易等规避汇率风险操作。

第二，放宽银行结售汇头寸限制，提高金融机构外汇资金运用的自主性。

第三，推进外汇市场改革，发展外汇衍生品市场，不仅要增加交易品种还要增加交易主体，主动引导和培育外汇市场主体管理汇率风险的能力。

第四，以非市场化利率为突破口，推进利率市场化。利率市场化使长短期利率由市场资金供求决定，央行根据使用各种货币政策工具调控货币市场，进而调控外汇市场影响汇率水平。利率市场化还可以为人民币远期交易、期货交易及我国企业回避汇率风险奠定基础。因此，要有序推进利率市场化，应按照"先外币后本币、先农村后城市、先贷款后存款、先长期后短期、先大额后小额"的顺序，形成以市场利率为基础的利率间接调控体制。另外，还应当充分利用市场力量突破存贷款利率限制，积极推动银行间短期融资券的发展。最后，实行汇率市场化，要进一步推行汇率弹性化改革。目前我国比较适宜选择汇率目标区制度，兼具固定汇率制度和浮动汇率制度的优点，稳定且具有灵活性。但随着我国资本管制的不断放松，短期内人民币汇率制度必须实行浮动幅度较大的管理浮动制度，中期内人民币资本项目完全开放，中国汇率制度变迁的中期方向是浮动汇率制度。

最后，逐步实行资本项目开放和人民币可自由兑换，先实行人民币资本项目基本可兑换，然后用五到十年的时间从基本兑换过渡到完全可兑换，增强国际资本流动性。

（二）推进资本项目开放，加大国内市场导向型FDI的引进力度，坚决杜绝虚假FDI流入的国际游资

资本项目是关系汇率和利率稳定的重要因素，无论从成本还是效率的角度，我国的资本项目都不可能实现长期管制，近年来，我国先后实施了QFII、QDII等一系列制度，在未来，还应做好以下几方面工作：

第一，加强对跨境资本流动的监测和管理。我国目前的现实情况要求仍要保持一定程度的资本管制，但我国在具备经常项目、资本项目双重性质的贸易融资方面，资本管制存在一些漏洞，如没有境外"热钱"通过各种渠道进入境内房地产市场方面的管理法规、通过"虚假出口"和"虚假FDI"等途径流入中国的国际游资等等。因此，我们要做到，一方面要加强对外资进入房地产状况的监测，尽快出台管理办法，进一步细化对流动性资本跨境移动的管理，必要时要征收跨境资本交易税和实施无息存款准备金[1]。另一方面，引进市场导向型FDI，市场导向型FDI主要来源于美日欧等发达国家，这些国家的跨国企业由于资本雄厚，所采用的技术普遍居于世界前沿水平，引进该种类型的FDI才能实现中国引资过程中的"以市场换技术"的战略目标。同时，更多的以国内市场为导向的同一行业的跨国企业在进入中国后，迫于市场竞争压力，会从母国进口具有高技术含量的机器设备等硬件，或者采取高新技术转让、技术许可、技术入股等方式引进所需要的技术软件，这些做法不仅可以通过内部或外部的技术溢出效应提升相关产业的整体技术水平，还会增加中国的进口，最终促进中国贸

1　我国中央银行对准备金支付较高利息，客观上为存款银行提供了"倒吃"中央银行利息的便利，弱化了准备金作为中央银行"课税"的经济意义。

易平衡的实现，减缓日益严峻的出口增长和人民币升值的压力。另外，当前还要坚决杜绝通过"虚假出口"和"虚假FDI"等途径流入中国的国际游资，通过这两个途径流入中国的游资会进一步加剧中国国际收支的不平衡，最终导致外汇储备激增，促使人民币进一步升值或者加快人民币升值进程，破坏当前政府主导的渐进升值过程，对于中国出口、FDI、经济平稳增长及国家经济安全都会产生严重威胁。北京大军经济观察研究中心仲大军认为，从2002年至今近2万亿增加出来的外汇储备中投机性游资至少在4000亿美元左右，一旦人民币升值趋势逆转显现，国际热钱大规模的撤退对于我国的资本市场与房地产市场震动剧烈。因此，外贸及外资的各级管理部门应该加强部门之间的沟通和协调，通过构建资本越境流动监测预警机制来加强对短期资本流入的监管力度。

第二，放慢海外上市节奏，积极发展本土资本市场。当前我国国内储蓄率极高，但由于国内金融市场不完善、资金使用低效、资金分配不合理等原因，导致一些企业得不到资金，因此不得不考虑从海外金融市场融资，企业若从海外金融市场融得外币资金，需要在外汇市场兑换成人民币方能投入使用，这样不仅使我国增加了储蓄盈余，还要承担额外的汇率风险，进一步削弱我国货币政策的独立性。因此，一方面，要发展和健全我国资本市场，包括债券市场和股票市场，另一方面，积极鼓励中小企业、风险投资企业海外上市，尽快发展境内私人股权基金作为第三方，与境外投资者竞争入股[1]。

第三，保证引进外资的质量，加大积极对外投资战略的实施。当前，应该在继续积极有效利用外资的基础上，坚持引进外资的战略安排，重视技术和管理的引进，促进产业优化升级。同时，资本项目应该更多表现为

---

1 笔者认为，该方法是在国有大银行上市筹资过程中，面对是否"贱卖"争论的最好解决方法。

资本输出，与FDI相比，银行对外贷款具有更强的流动性。此外，增加对优秀企业的美元贷款，通过积极的政策扶持促使有竞争力的企业对外投资，利用外汇储备向中资公司或者国有银行出售外币资产，有利于国有银行走向国际市场。

（三）极力疏导流动性过剩，加快经济结构调整，实现内需主导的经济增长

在未来，面对人民币升值、巨额贸易顺差、流动性过剩和通货膨胀高企等诸多问题，要将疏导流动性过剩，抑制通货膨胀作为调控重点。首先，要促进虚拟经济发展，有效吸收市场上的流动性过剩。发展虚拟经济，必须大力发展金融市场，优化金融产品市场结构并提高市场规模和运行质量；其次，要重视实体经济发展，使其与虚拟经济协调发展。虚拟经济与实体经济协调发展能够为实体经济的发展扫清障碍从而促进经济增长，若两者不能协调发展，则对经济只能起到抑制作用。而流动性过剩造成实体经济资金充裕的假象，对经济造成的影响极为不利。当前，要将虚拟经济的资金有效地引入到实体经济中去，解决资金短缺问题，将资金重点用于扶持科技的自主研发，提高企业创新能力，生产出高附加值的产品，这样才能促进生产率提高，从而抵消由于汇率升值、通货膨胀带来的劳动力等成本增加的压力。最后，要抑制通货膨胀及其预期。由于虚拟经济和实体经济具有不同的运行规律，所以单纯的货币政策很难同时调控资产泡沫和通货膨胀。对已经流入实体经济中的流动性过剩，采取货币政策进行调控的同时，还应考虑利用税收调节，无论在宏观还是微观层面税收变化会对货币供给和需求产生影响，增税效应从需求方抑制通货膨胀，减税效应从供给方抑制减轻通货膨胀，税收的流动性效应从货币需求方抑制

通货膨胀。因此，运用税收调节通货膨胀的过程就是引导资金在实体经济中进行合理生产资源配置的过程。

另外，要落实内需主导型的经济增长战略，加快调整经济结构。内需主导战略是大国经济的基本制度安排。落实内需主导战略，能够解决国内收入分配、投资与消费、经济开放与安全等重大经济问题，减少中国和平崛起和国际社会的摩擦。为此，应思考并做到以下工作：第一，加快完善社保、医疗、教育、就业、税收等影响居民消费的体制环境；第二，转变政府职能，突出政府的公平职责，减少政府投资支出，扩大政府在保持社会公平方面的支出；第三，将部分外汇储备用于完成经济和社会发展的战略性任务，如解决体制转轨中的历史顽疾、社保的巨大缺口和海内外重大基础设施、自然资源、科研人才等领域的战略性投资等，以降低国内储蓄率；第四，加快金融改革，改善企业金融环境，促进个人消费信贷；最后，进一步理顺市场价格体制，让市场发挥作用来刺激消费。

第五章
货币对外稳定——国际货币体系重构

第一节　国际货币体系的演进及其原因——基于公共品纳什均衡供给的分析

一　国际货币体系的演进过程及原因分析

国际货币体系是指国际交易结算时所采用的货币制度，即关于国与国之间进行支付的一套规定、做法和制度。历史表明，国际货币体系的演进和变迁过程经历了以下几个阶段：国际金本位制（1880—1914）—混乱的浮动汇率时期（1914—1929）—国际金汇兑本位制（1933—1941）—布雷顿森林体系（1945—1971）—史密森体系（1971—1973）—牙买加体系（1973—1999）—后牙买加体系（1999）。每阶段的国际货币体系都存在缺陷，不能长期维系，因此，尽管大多数国家都强调成熟稳定的国际货币体系对各国经济发展的重要性，但至今为止，成熟稳定的国际货币体系仍未建立。

针对国际货币体系演进和变迁原因的研究成果众多，理论上最经典的解释是"特里芬难题"和"三难选择"。1960年由美国耶鲁大学经济学家特里芬（Triffin）[1]提出的"特里芬难题"揭示了美元本位制的两难选择和不可持续性，他认为，美国创造国际清偿能力和其他国家对该制度的信心存在根本矛盾，美元本位制具有不可持续性，将被新的货币体系和清偿力所取代；由蒙代尔（Mundell）[2]、弗莱明（Fleming）提出并由克鲁格曼（Krugman）等人发展的"三难选择"揭示不同国家在资本流动、汇率稳定和独立货币政策三个目标中只能实现其中两个，因此建立稳定的国际货币体系难度较大，这也是国际货币体系不断演进和变迁原因的一种理论解释。国内学者也纷纷尝试从不同角度分析该问题，李海海（2004）从新兴古典经济学角度进行分析指出，国际货币体系演进的原因是专业化、技术和交易效率的相互作用加剧国际分工深化，从而促进国际贸易和金融的发展。张明、覃东海（2005）从国际资源流动的特点出发指出，当今国际货币体系呈现中心外围框架，在该框架下中心国输出通货获得实体资源注入，外围国输出实体资源获得国际流动性和金融资产，单中心构架的国际货币体系不具系统相容性，导致未来国际货币体系的演进和变迁。李增刚（2005）从政治经济学角度提出，国家利益冲突、国际层次上的集体行动困境和各国政治家的短期行为决定稳定的国际货币体系难以建立，这是国际货币体系变迁的主要原因。萧松华、王春月（2005）运用博弈理论解释国际货币体系演进的原因主要源于各国在相互动态政策博弈过程中政治经济实力对比面导致的原有均衡的变化。李泽春（2007）从货币本性角度分

---

[1] 参见Triffin·Robert（1960）著《Gold and Dollar Crisis:The Future of Convertibility》。

[2] 蒙代尔，1960年在《经济学季刊》上发表《固定及浮动汇率下国际货币调节的动态机制》，从根本上改变了国际宏观经济学的发展方向，是今天教科书中经典的蒙代尔–弗莱明模型的奠基之作；同年，在《美国经济评论》上发表《最优货币区理论》，这是一篇对于国际货币体系演变产生重大影响的文章，后来蒙代尔被冠以"欧元之父"。

析认为，货币本性是货币单一化的根本原因，而货币单一化的所有制基础是国际所有制由私向公不断的转化，这是国际货币体系演进和变迁的主要动因。

稳定的国际货币体系是国际金融领域的公共产品，具有宏观经济学中公共产品非竞争性和非排他性的特点。因此，本文选择从博弈理论中公共品纳什均衡供给的视角进行分析，揭示国际货币体系演进和变迁的根本原因及预测未来改革发展的方向。

二 基于公共品纳什均衡供给分析国际货币体系演进和变迁原因

假设世界由 n 个国家组成并共同致力于构建稳定的国际货币体系，这就要求每个国家为了遵守和维护国际货币秩序要自愿地付出一定成本，如持有部分外汇储备、承受通货膨胀或通货紧缩周期性的压力等等，所有国家成本供给的累加等于成本的总供给，成本总供给越大，国际货币体系越稳固，所有国家均从中受益。

设第 i 个国家的贡献为 g_i，成本总供给为 $G=\sum_{i=1}^{n} g_i$。假定国家 i 的效用函数为 $u_i(x_i, G)$，x_i 代表国家 i 私人品的消费量，若 $\partial u_i/\partial x_i > 0$，$\partial u_i/\partial G > 0$，且私人品和公共品之间的边际替代率是递减的。令 p_x 是私人品的价格，p_G 是公共品的价格，B_i 是国家 i 总预算收入。则在给定其他国家选择的前提下，每个国家选择自己最优战略要最大化如下目标函数：

$L_i = u_i(x_i, G) + \lambda(B_i - P_x x_i - P_G g_i)$，$\lambda$ 是拉格朗日乘数

最优化一阶条件为：$\dfrac{\partial u_i}{\partial G} - \lambda p_G = 0, \dfrac{\partial u_i}{\partial x_i} - \lambda P_x = 0$

所以，$\dfrac{\partial u_i/\partial G}{\partial u_i/\partial x_i} = \dfrac{p_G}{p_x}$，$i = 1, 2, 3 \cdots, n$

若其他国家的选择给定，n 个均衡条件决定了公共品自愿供给的纳什均

衡：$g* = (g_1*\cdots, g_i*\cdots, g_n*)$，$G* = \sum_{i=1}^{n} g_i^*$。

再来考虑帕累托最优解[1]，假设社会福利函数形式如下：

$$W = y_1 u_1 + \cdots + y_i u_i + \cdots + y_n u_n, y_i \geq 0$$

总预算约束为：$$\sum_{i=1}^{n} B_i = P_x \sum_{i=1}^{n} x_i + p_G^G$$

则帕累托最优的一阶条件为：

$$\sum_{i=1}^{n} y_i \frac{\partial u_i}{\partial G} - \lambda p_x = 0, i = 1, 2, \cdots, n$$

因此，存在公共品情况下的帕累托最优的均衡条件为：$\sum \dfrac{\partial u_i / \partial G}{\partial u_i / \partial x_i} = \dfrac{p_G}{p_x}$

也可以写成：$\dfrac{\partial u_j / \partial G}{\partial u_j / \partial x_j} = \dfrac{p_G}{p_x} - \sum \dfrac{\partial u_i / \partial G}{\partial u_i / \partial x_i}$，$i \neq j$

这意味着帕累托最优的公共品供给大于纳什均衡的公共品供给，公共品的私人自愿供给往往不足，国际货币体系的构建和维护不是某个国家自愿供给多少的问题，而需要加强国际间的协调和管理。为了更具体的说明该结论，我们假定每个国家的效用函数符合柯布-道格拉斯形式，即 $u_i(x_i, G) = x_i^a G^b$，这里 $0 < a < 1$，$0 < b < 1$，$a + b \leq 1$，则每个国家最优的均衡条件为：$\dfrac{b x_i^a G^{b-1}}{a x_i^{a-1} G^b} = \dfrac{p_G}{p_x}$，将预算约束条件 $B_i = p_x x_i + p_G g_i$ 代入得到反应函数为：

$g_i* = \dfrac{b}{a+b} \dfrac{B_i}{p_G} - \dfrac{a}{a+b} \sum_{j \neq i} g_j, i = 1, 2, \cdots, n$，该式表明，某国相信其他国提供的公共品越多，他自己本国的供给就越少。

若所有国家收入水平或经济实力基本相同，不存在较大差异。均衡情况下所有国家提供相同的公共品，纳什均衡为：$g_i^* = \dfrac{b}{an+b} \dfrac{B}{P_G}$，纳什均衡的总供给为：$G^* = \dfrac{nb}{an+b} \dfrac{B}{P_G}$。假设世界由两个国家构成，国家1和国家2的收入基本

---

1 帕累托最优是以意大利经济学家维弗雷多·帕雷托的名字命名的，维弗雷多·帕雷托在他关于经济效率和收入分配的研究中使用了这个概念。帕累托最优的状态就是不可能再有更多的帕累托改善的状态；换句话说，不可能再改善某些人的境况，而不使任何其他人受损。

相同，若 $B_1=B_2=1.5m$，则纳什均衡为：$(g_1^*,g_2^*)=(\dfrac{b}{2a+b}\dfrac{1.5m}{P_G},\dfrac{b}{2a+b}\dfrac{1.5m}{P_G})$，纳什均衡的总供给为：$G^*=\dfrac{b}{2a+b}\dfrac{3m}{P_G}$。若国家间收入水平或经济实力存在差异且差异较大，假设世界由两个国家构成，国家1的收入是国家2收入的二倍，即 $B_1=2m$，$B_2=m$，若 $a>b$，纳什均衡为：$(g_1^*,g_2^*)=(\dfrac{b}{a+b}\dfrac{2m}{P_G},0)$，纳什均衡的总供给为：$G^*=\dfrac{b}{a+b}\dfrac{2m}{P_G}$。以上两种情况比较不难证明，$\dfrac{b}{a+b}\dfrac{2m}{P_G}\geq\dfrac{b}{2a+b}\dfrac{3m}{P_G}$，即收入平均和收入有差异的国家提供公共品的纳什均衡供给不同。在各国收入平均或经济实力相当的世界经济格局下，各国共同提供公共品，且责任和权利对等，国际货币体系是对称的体系；在各国收入水平差异较大或经济实力悬殊的世界经济格局下，高收入国或发达国家提供公共品，低收入国或发展中国家只是搭便车，责任和权利不对等，国际货币体系是非对称性的。因此，国家间经济实力的差异和均衡是国际货币体系不断变迁最根本的原因。

历史表明，从1666年至1924年世界七大国并驾齐驱，除了英国的经济实力在列强中略胜一筹外，没有任何的超级大国。一战时期世界基本处于平稳的国际金本位制体系下，而从1915年开始世界格局出现了微妙的变化，1915年至1924年美元区逐渐壮大，美国经济实力不断攀升，钉住美元本位制赋予美元以黄金的特权和荣誉，美元成为国际货币体系的中心，世界开始以美元而非黄金来作为最基本的记账单位，美国因此而赢得国际铸币税的收益同时也要承担满足世界清偿能力、维护美元币值稳定等义务。但由于"特里芬难题"的存在，美国于1971年宣布美元与黄金脱钩且美元相对于黄金贬值，此后，美国享受着全球铸币税收益的供养，而放弃了应该承担的义务，世界滑入了一个不对称的无体系中。1999年欧元的启动是标志性事件，最初欧洲货币体系的建立本来是无奈的对策，并在实施中很快转变为马克本位制，因为德国经济实力比其他欧洲各国强大，但马克本位制迅速崩溃，欧洲货币体系迅速调整创造了欧元，成为欧洲经济平稳运行的成功典范。近年来，日本经济的复苏、欧洲经济迅速崛起对于打破美元本位制这种不均衡、不对称的国际货币体系有重要的意义和作用，国家或地区间经济实力的均衡是构建稳定国际货币体系最根本也是最重要的原因。

第二节 几种主要货币国际化的进程、特征及经验启示

一 几种主要货币国际化的进程与特征

（一）英镑

19世纪初，英国国会颁布《恢复条令》，恢复通货与黄金按固定比例兑换的业务，标志着英国正式采用金本位制。其他国家纷纷效仿英国，在其后的半个多世纪中，世界各主要工业国相继采用了金本位制，于是黄金便成了统一的世界货币。英国正式采用金本位制之后的半个多世纪里，英国的生产力迅猛发展，综合国力进一步加强，并通过巨额的贸易顺差积累了大量的黄金储备，而伦敦也成为当时世界贸易和金融中心。英格兰银行通过以英镑计价的票据贴现控制着国际汇兑，在实际上操纵和领导着国际金本位。英镑通过英国在海外的扩张，在国内、殖民地及全球范围内大量流通，成为当时唯一与黄金拥有同等地位的兑现纸币。国际金本位下的自由兑换、自由输出入都与英镑发生着紧密的联系。在实际的货币流通中，英镑在国际范围内成为黄金的替代物，国际金本位演变为"黄金—英镑"本位，英镑成为真正的纸质黄金。

从19世纪70年代开始，欧洲出现大萧条，英国国力逐步削弱，英镑的地位开始动摇。第一次世界大战的爆发，金本位制曾一度被迫中断。战后，为了缓解浮动汇率风险，规范国际经贸秩序，金本位得以恢复。然而

黄金的不足、高估的英镑导致英国黄金大量流失，国际收支发生巨大困难，英国经济遭受了致命的打击。1931年，英格兰银行再也无法承诺英镑与黄金的兑换，宣布放弃金本位，禁止黄金出口，实行英镑贬值。从此，英镑主宰世界的时代宣告结束，但英镑并未退出国际货币的舞台。在此后的相当长一段时间内，英镑作为一种重要的货币，在国际贸易中，尤其是在英联邦国家中仍扮演着重要的角色。

英镑的国际化进程具备以下两个特征：第一，英镑的国际化与国际贸易紧密相连。国际贸易是英镑国际化的主要动因，也是英镑进一步在世界流通、不断提高国际化程度的一种重要媒介；第二，从历史上看，英国通过武力开拓势力范围，在殖民地和附属国推行英镑的流通、并强迫殖民地使用宗主国的货币也是英镑得以实现国际化的重要原因。

（二）日元

日元国际化具有明显的阶段性特征，从起步阶段到主动推进阶段，继而到推进日元区域化阶段，在几十年的时间里使日元成为一种国际关键货币。20世纪70年代后期，日本经常项目收支顺差急剧增加，日元对美元汇率升值，日本在资本交易自由化及国内金融自由化方面面临的压力增大，同时世界各国对日元需求增加。在国内外呼吁日元国际化的背景下，1978年12月大藏省提出了"正视日元国际化，使日元和德国马克一起发挥国际通货部分补充机能"的方针，并采取了"大幅度缓和欧洲日元债发行方面的限制"和"促进日元在太平洋地区流通"等政策措施。80年代初，日本进出口贸易中以日元结算的比重大幅提升。

20世纪80年代，日本在金融自由化和资本项目自由化方面取得了实质性的进展。1980年12月，日本政府修改了《外汇法》，日元经常项目基本上实现了可兑换，对日元资本项目的可兑换也由原则上限制兑换过渡为原则上放开管制。1984年，日本大藏省发表《关于金融自由化、日元国际化的现状和展望》政策报告，进一步整理并完善了日元国际化的具体措施，形成了体系化的政策方案，正式拉开了日元国际化战略的序幕。90年代初，在日本进出口额及世界各国的外汇储备中日元结算及所占比重均出现了较大幅度的上升。

20世纪90年代，由于日本经济长期停滞，日元国际化处于落后状态。国际贸易中按日元结算的比重、各国外汇储备中日元比重和银行对外资产中日元资产的比重均出现了不同幅度的下降。针对这些问题，日本重新审视了日元国际化的战略方针，决定将日元区域化作为其新的战略重点，开始谋求在亚洲地区的经济领导地位，对亚洲货币体系的建立表现出极大的热情。

日元的国际化进程具备以下特征：第一，20世纪60年代日本经济和贸易的迅速发展为日元国际化奠定了坚实的基础；第二，日元的国际化显然受到了国内外政策的明显影响。由于政策失误和外部压力的存在，日元的国际化之路并不顺畅，效果不甚理想。

（三）德国马克

马克国际化与德国在欧洲区域经济中地位无法分割。二战后，德国经济迅速复苏，战后10年间工业生产总值增长了2.6倍，出口增长8倍，大量的贸易盈余不断推动马克升值，奠定了马克的强势货币地位。在国际化进程中，德国的资本管制一直比较宽松，特别是实行浮动汇率制以后，资本流动自由程度大幅提高。20世纪60年代末到80年代初，德国先后允许马克全面可兑换，放开利率，取消金融工具限制，资本流动自由化程度较高。

1973年以前，德国在布雷顿森林体系下，为了稳定马克汇率，采取了一些资本管制措施限制马克的国际使用，如禁止对国内银行的非居民存款支付利息、对非居民获得债券利息征税、要求借外债时必须持有现金存款等。直到布雷顿森林体系崩溃后，马克汇率可以浮动，德国才取消了大部分管制措施。1985年，为推动金融中心建设，对债券品种的管制也相继取消，金融市场全面自由化。

德国马克国际化的进程具备以下特征：第一，建立在国内经济发展与金融稳定的前提下，这是马克成为重要国际货币的坚实基础；第二，马克在未实现可兑换前，就已发挥国际货币的部分职能，马克实现自由兑换之后，拓宽了资本流出渠道，促进了资源的合理配置和市场经济的发展，有力地推动了马克国际地位的提高；第三，德国在放松资本管制、扩大资本流出渠道的同时，对短期套利资本流入加以限制，且根据现实状况及时、灵活进行调整，有利于促进国际收支基本平衡，降低金融风险。

（四）美元

1.美元国际化的进程及特征

第一次世界大战使美元的国际地位开始上升。一战爆发之后，欧洲官方持有的流动性美元资产大幅度增加。同时由于大部分欧洲国家货币的价值不稳定，而且存在外汇管制和汇率低估，使得按固定价格保持与黄金兑换的美元更具吸引力。国际贸易更多地以美元计价，私人部门也开始持有更多的美元资产来减少交易风险。二战爆发之后，以英镑计价的国际储备急剧下降，美元在国际储备中所占比例持续攀升，成为安全的国际储备资产。1941年到1944年，美国根据"租借法案"向盟国提供了价值470多亿美元的货物和劳务。黄金源源不断流入美国，美国的黄金储备从1938年的

145.1亿美元增加到1945年的200.8亿美元，约占世界黄金储备的59%。这为美元霸权地位的形成创造了有利条件。

1944年，布雷顿森林体系确立，该体系主要包括两个方面：第一，美元与黄金直接挂钩。第二，其他货币与美元挂钩，即同美元保持固定比价。这确立了美元在战后国际货币体系中的中心地位，各国货币只有通过美元才能同黄金建立联系。从此，美元成为了国际清算的主要支付手段和各国的主要储备货币。战后的经济恢复为美元国际化创造了更大的空间。一是美元呈现自由兑换、币值稳定的特点。相对战后大部分欧洲国家实行的严格和广泛的外汇管制，美元在兑换和跨境流动方面表现出高度的自由。此外，战后的物资奇缺导致欧洲各国通货膨胀率较高，美国经济的持续发展和低通货膨胀率使美元成为全球范围内的硬通货。二是美元在国际储备中的比重不断增加。"马歇尔计划"和"道奇计划"等"美援"政策的实施，使美元资本大量输出到世界各地，取代了英镑作为资本输出第一货币的地位。三是美元使用方便、成本低廉。跨国银行的迅速发展，使得在任何地方均可以便利地兑换美元或是以美元兑换其他货币。

美元国际化的进程具有以下几个特征：第一，两次世界大战的爆发使得美国和英国的经济实力"此消彼长"，为美元成功取代英镑提供了经济基础；第二，布雷顿森林体系的制度安排为美元成功取代英镑提供了制度保证。"美元—黄金本位制"的建立，确立了美元的核心地位。

2.格雷欣法则与美元本位

400多年前，英国经济学家格雷欣发现两种实际价值不同而名义价值相同的货币同时流通时，实际价值较高的货币，即良币，会退出流通领域，货币可能被窖藏、熔化或被输出国外；而实际价值较低的货币，即劣币，会充斥市场，人们称之为格雷欣法则，也称为劣币驱逐良币规律。格雷欣法则是硬币流通时期的一种货币现象，随着时代变迁，货币经历了大致三个历史阶段：使用硬币时期，使用硬币与可兑换纸币时期和使用不可兑换纸币时期；使用货币者的行为也发生相应的转变：买方主动用劣币购物，买方用劣币购物而卖方主动拒收以及卖方主动要求接受良币拒收劣币。与其相应，格雷欣法则实质也经历三个阶段的变化：劣币驱逐良币阶段，格雷欣法则失效的混乱阶段以及良币驱逐劣币阶段。

在当前国际货币体系下，世界各国货币都是不可兑换的纸币，当几种不可兑换纸币同在一地流通时，就会出现"良币驱逐劣币"的现象，也称"反格雷欣法则"：在一个完全自由且没有任何法律强制干预的市场上，若各种货币之间没有法定比价，而这些货币之间价值各不相同，其中走势坚挺、含金量较高的货币被认为是硬通货（良币）；反之，走势疲软的货币被认为是软通货（劣币），在国际贸易当中，人们往往乐意接受"良币"，而不愿意要"劣币"，从而形成了"良币驱逐劣币"的局面。众所周知，当今国际货币体系处于严重失衡的状态，美元本位制形成的原因及未来国际货币体系发展的方向等问题是研究国际经济的学者们非常关注的。我们可以试图使用格雷欣法则（或反格雷欣法则）来解释美元本位的相关问题，试图从货币供求、货币职能及货币价值三个方面入手进行分析和阐述。

从货币供求来看，劣币驱逐良币必须满足货币供过于求的前提条件，只有货币供给大于货币需求，实际价值较高的货币才会退出流通领域或输往国外；若货币供不应求，劣币可以和良币共同在国内流通，且良币并不会有风险溢价和贴水。如在布雷顿森林体系国际货币制度下，美元与黄金挂钩，各国货币与美元挂钩，并规定了黄金官价为每盎司35美元，美元以黄金作为后盾在全球流通。但随着美元由"美元荒"转变为"美元过剩"，外国商人在与美国做生意时，就渐渐愿意接受黄金而不愿意接受美元，各国政府和中央银行也纷纷向美国要求以美元兑换黄金。最终，迫使美国宣布停止以官价兑换黄金，导致布雷顿森林体系的崩溃，纸币形式的美元被拒收和造成各国向美国"挤兑"。在美元本位制下，美国中央银行可以开动印钞机印制美元钞票，赚取全世界各国的铸币税收益，而诱发全球性的通货膨胀，因此，虽然当前黄金已经非货币化，但事实证明在全球储备资产中黄金仍是仅次于美元的世界第二大储备资产，并且即使在70年代后期为了支持有管理的浮动汇率，国际货币基金组织协定了第二修正案，并强调特别提款权的储备资产地位而降低黄金的作用，甚至美国财政部和国际货币基金组织还抛售了部分黄金储备，但其他国家仍然握有黄金不放，今天全世界所有中央银行和国际金融组织持有的黄金储备总量与1973年国际货币体系崩溃之前的黄金总量没有多大变化，仍大约在10亿盎司左右。因此，在全世界美元供给过多的今天，价值较稳定的欧元、日元等货币和黄金等保值资产越来越受到青睐，各国均在国际贸易中尽量减少美元交易，调整外汇储备结构，减少美元和美元资产的比重，若美元进一步贬值，到达临界点时，世界各国恐怕要采取拒收美元的措施了。

从货币职能来看，货币应具有五大职能，分别是价值尺度、支付职能、流通手段、贮藏手段和世界货币。劣币通常只能行使价值尺度、支付职能和 流通手段，而良币完全可以执行货币的五大职能。因此，作为良币，美元可以行使货币的五大职能，而人民币等一些货币只能行使价值尺度、支付职能和流通手段，而不能行使贮藏手段和世界货币的职能，在世界范围内就产生了"原罪"和货币错配的现象。"原罪"是指发展中国家与发达国家比，难于用本币计值在国际市场上借贷。货币错配是指一个经济行为主体（企业、家庭或政府等）进入国际经济交往时，由于其资产和负债、收入和支出使用不同的货币计值，因而在货币汇率变化时会受到影响的。"原罪"和货币错配会引发金融危机、影响货币政策的传导及汇率制度的正常运行。比如，当出现国际性衰退时，国外需求会减少，货币政策正常的反应是降低利率，刺激需求，本币适度贬值。若货币错配严重，进行上述货币操作就很难。若降低利率，本币汇价会直线暴跌，银行倒闭企业破产；若提高利率，企业财务负担加重，经济更加衰退。因此，人民币等一些货币职能上的欠缺，使"良币"驱逐"劣币"，是确立美元本位、助长美元贬值的主要原因。

从货币价值来看，金属货币时代，政府发行的新旧铸币，从国内支付的角度是完全等价的，但若将其熔化，价值就出现差异，新币价值要高于旧币价值，根据格雷欣法则，在国内旧币流通而新币将输出到国外或者被窖藏起来。在纸币制度下，不同纸币的价值是无差异的，成本大致相同，因此，良币与劣币只能从职能、信誉等角度来区分。美元是世界货币，有强大的国家信誉及经济政治军事实力做后盾，成为世界各国普遍接受的记账和结算货币，而人民币等一些货币在国外流通存在诸多障碍，人民币不能进行国际贷款或者在国际债券市场上发行债券，这种差别使美元和人民币的货币价值存在差异，虽然在国内支付是完全等价的，但国际支付的能力不同，因此，在纸币时代，并非是"劣币驱逐良币"，而是"良币驱逐劣币"。如在欧洲货币体系建立之初，欧洲各国之间期望稳定货币汇价，但很快就转变为德国马克本位制，因此该体系迅速崩溃，随后欧洲货币体系迅速作出调整，创造了欧元，成为欧洲经济平稳运行的成功典范。

以上三个方面的分析告诉我们，纸币时代货币流通的特征符合"反格雷欣法则"，即"良币驱逐劣币"，20世纪美元以卓越的优势确定了其霸主地位，但随着欧元的崛起、日本经济的复苏、各区域建立货币区的愿望高涨，美元本位制必将被打破，国际货币体系的失衡状态在未来会被纠正，未来国际货币体系的发展趋势将会分为两步进行：第一步，欧元的出现和成功为国际货币体系指明了前进的方向，区域性货币单一化会出现；第二步，区域性货币单一化逐渐合成全球货币单一化，并成立世界中央银行调控全球经济及制订执行货币政策，该策略早在1943年的"凯恩斯计划"中提出，只因为当时美国强大的实力促成了"怀特计划"的实施，而使世界中央银行的计划被搁置。

二　经验启示与人民币国际化的展望

（一）几种主要货币国际化的经验与启示

1.美元国际化的经验启示

美元是依托全球性货币汇率制度安排成为惟一的国际计价单位和与黄金相同的国际储备货币，它与黄金脱钩、失去制度基础后依赖先入为主的存量优势在世界信用货币体系中处于优势地位，强大的国际政治经济实力将这种优势发扬光大。美元国际化的模式具有历史的特殊性，它是国际金属本位制度向现代信用货币制度发展的过渡环节，几十年的过渡时间赋予了美元其他货币无法比拟的许多优势。两次世界大战是美元国际化的契机，奠定了美元国际化的政治经济基础。美元国际化不仅源于自身雄厚的经济实力雄厚，更重要的是历史条件和机遇。因此，美元的国际化道路对于现今包括我国在内的寻求本币国际化的国家的指导意义不大。迄今为止，美元仍是最重要的国际货币。

2.日元国际化的经验启示

日元国际化经历的是一条金融深化与发展的道路，通过外汇自由化、贸易自由化、经常账户自由化、资本流动自由化、利率与金融市场自由化使日元成为国际经济活动中普遍使用的货币。境外日元的增加，尤其是欧洲日元市场的发展又加速了国内金融制度的自由化改革，金融制度的调整与改革是金融发展深化的具体表现，金融自由化进一步促使日元国际化。日元国际化推进的步骤对中国极具借鉴意义。首先实现经常项目的可兑换，同时完善资本项目的管理，最终走向汇兑的完全自由化。这是全球经济一体化、国际金融自由化发展的必然趋势所决定的，它昭示了外汇管制的一般规律和行之有效的操作模式。日本的资本项目可兑换历时较长，属于渐进式改革的典型。日本经验显示，其资本管制的放松基本顺序为：先资本流出，后资本流入。资金流出中，先证券投资，后银行贷款，先投资公司、证券公司和保险公司，后外汇指定银行；企业和个人直接对外投资先经过中介机构，后直接对外投资。对于非居民的资金流入，顺序为股票—债券—银行贷款。值得注意的是，日本在资本项目自由化过程中，根据控制风险和保护本国金融业的需要出台了一些限制措施。

日本是七国集团中惟一的亚洲成员国，从国际经济领域的竞争力和经济规模看都是不可忽视的力量。中国作为亚洲最大的发展中国家，在世界经济以及区域经济中的地位日益上升。因此，了解日元国际化的成因与障碍，是中国人民币国际化路径选择重要的参照系。

3.德国马克国际化的经验启示

德国马克国际化的经验是值得借鉴的。随着战后德国经济的强大，货币当局并未主动提出货币国际化的问题，而先是完善金融体制和放开经常项目，后放开资本项目，并成为当时世界上为数不多的完全实现资本和经常项下可自由兑换的国家，为马克的流入和流出创造了基础性条件。但德国联邦银行对此十分谨慎，并没有因为金融体制的完善而改变货币政策的目标，并且继续坚持稳健的财政政策，努力保持物价稳定。所以，德国马克国际化走的是一种较为被动的模式，国际贸易市场交易的需求、各国储备资产保值增值的需求等因素促使德国马克国际化。

（二）借鉴国际经验对人民币国际化的展望

从各国货币国际化的经验启示看，人民币国际化要符合我国经济发展的阶段，要与国际经济结构、国际收支调节机制、金融市场发展和宏观调控等情况相协调，并采取合适措施积极推进，应该做好以下几方面工作：

第一，调整经济结构，建立较为完善的国际收支调节机制。首先，调整经济结构，建立强大的制造业和具有我国发展优势的特色新兴产业，形成对其他国家的比较优势，从而推动其他国家接受人民币；其次，通过借贷、投资和援助等手段使其他国家持有人民币，如允许其他国家政府和企业在我国发行人民币债券等，当然这也是一个相当长的过程，人民币国际化不能超出我国的经济发展阶段。

第二，建立具有一定深度和广度的金融市场。首先必须实现人民币国内金融市场的深化，推进利率市场化，然后逐步建立发达的人民币市场，吸引非居民持有以人民币定价的资产。同时要建立有效率的与之配套的衍生产品市场，满足非居民投资者风险管理的多样化要求。最后要完善金融市场基础设施建设，降低和取消不合理的金融市场税费。

第三，建立国际金融中心并推动其发展。人民币国际化需要有国际金融中心做支撑，人民币与各国货币的互换流转才能通畅，否则无法发挥人民币在国际市场的影响力。因此，当务之急是将上海建设成国际金融中心，拓展金融市场的广度和深度，高度发达的金融市场和金融中心将是一个国家包括其货币成为国际金融市场的核心和枢纽，也是一国货币进行国际兑换和调节的重要载体和渠道。

第四，中央银行要有能力制定行之有效的宏观经济政策，并保持人民币内外币值的合理稳定。人民币国际化后，央行不仅需要根据本国宏观经济状况调整货币政策，还要充分考虑国际宏观经济状况和周期对本国货币政策产生的影响，更多地考虑内外均衡，为避免宏观经济政策的溢出效应，还应建立更加有效的市场经济体制，有效的决策机制以及有效的产权约束等一系列制度。

正如戴相龙（2011）按照人民币国际化的五种功能，将其划分为三个阶段：第一个阶段，以经常项目可兑换为基础，推行境外贸易和境外投资的人民币结算，进一步发展货币互换，扩大人民币在境外的持有，使人民币成为国际贸易的结算货币。国际储备货币的第一个重要功能就是计价结算，使人民币成为国际结算的货币。第二个阶段，扩大对境内外合格投资者投资的联动，也就是全面地推进国际资本的双向流动，从而实现人民币的完全国际化，使人民币成为全球重要的投资货币，实现从结算货币到投资货币。第三个阶段，实现人民币国际化，即人民币成为国际储备货币。世界各国持有人民币作为储备货币，用于调节国际收支，促使币值稳定。人民币成为国际储备货币，是指人民币要达到世界储备货币的一定比例。2015年人民币成为特别提款权（SDR）中的重要货币，成为这种货币，主要体现在结算上广泛使用，在交易市场中使用范围也比较广。实现上述三个阶段，需要15年到20年的时间。尽管人民币成为国际货币，从它的条件看是充分的，但是在技术安排、如何跟市场结合等方面还是今后中国金融改革的重点，应该围绕人民币国际化进行利率和汇率机制的改革，要让更多的金融机构走向全球。另外，就是加快国际金融中心建设，到2020年将上海基本建成有影响力的国际金融中心。

第三节 国际货币体系的改革方向及我国的应对措施

一 国际货币体系的现状及存在的问题

现行的国际货币体系是美元本位制货币体系，二战之后美元这种国别货币一直担负着世界货币的角色，这是由其强大的经济实力决定的，因此美元霸权是现行国际货币金融领域一种重要现象。这是一个极不对称的货币体系。美元本位制会为美国带来很多好处，如获得国际铸币税收入，美元贬值可使美国刺激出口同时又减轻对外债务，美国企业可避免外汇风险和汇兑成本等等，却没有很好地履行和承担相应的义务，如没有维持全球汇率结构稳定，没有扮演好全球最后贷款人的角色，更多的时候仅仅是出于自身利益的考虑等等，从而导致美国享受了更多的收益，而美国以外的其他国家承担了更多的成本（通货膨胀和经济危机等）。

因此，现行国际货币体系给全球经济带来诸多负面影响，如汇率波动频繁，国际短期资本大规模流动，国际收支失衡加剧，大宗商品价格大幅震荡，金融危机与债务危机频发等。这些现象均表明：现行国际货币体系存在着内在缺陷。这一缺陷不仅是本轮经济危机的根本原因，也是近三十年来世界金融危机频发的制度性根源。这种以某个大国货币为核心储备币的货币体系存在着长期的结构性问题，主要可以概括为以下几个方面：

（1）国际储备体系不稳定。虽然现在很多国家放弃了固定汇率制度，但世界对储备的需求并没有减少，这种需求主要是通过某几个国家来满足。美国凭借其储备货币供给国的核心地位支撑了连年的赤字消费，并获得了巨额的铸币税收入。同时，这一地位使得美国在次贷危机期间可以依照本国需求独立地制定量化宽松的货币政策，并向其他国家"溢出"这一政策所带来的不良影响。储备资产单一化导致了各国货币的不公平性，"特里芬两难"并未从根本上得以解决，严重危及了储备体系的稳定性，国际收支失衡和世界金融体系的动荡也在所难免。从中长期来看，美国经常项目持续逆差、美国的巨额外债、美国货币供给的急剧增加、美国的巨额赤字，所有这些长期因素都指向一个结果：美元贬值和美国通货膨胀（余永定，2009），通货膨胀和美元贬值必将成为威胁国际货币体系稳定的"堰塞湖"（管涛2009），Roubini和Setser（2005）认为该体系很快解体的可能性很大。（2）全球汇率制度安排不合理。现行国际货币体系中的汇率安排是美国、欧盟、日本三大经济体之间自由浮动，其他外围国家根据需要选择"钉住"某一中心国家的货币。这种汇率制度缺乏布雷顿森林体系下所固有的稳定性，看似自由的汇率制度其实问题重重。汇率波动频繁不仅加大了国际贸易风险和各国的政策溢出，刺激了投机资本的跨境流动，导致经济的剧烈波动进而影响国家维持宏观经济和金融稳定的能力，不利于全球经济的稳步发展。同时，它还使得货币危机频发，危机的蔓延速度加快，对金融系统的破坏力极大。2008年美国次贷危机引发全球金融海啸以后当各国致力于经济复苏时，浮动汇率的合法化又使得世界范围内出现货币的竞争性贬值，极大地阻碍了世界经济的复苏。（3）国际收支调节机制不健全。Greenwald和Stiglitz（2008）提出判断国际收支调节机制好坏的三个标准：国际收支可持续、稳定的汇率和单个经济体既不会遭受由于持续外部赤字所带来的通货紧缩损失，也不会遭受由于持续外部盈余所带来的通货膨胀损失。他们分析得出结论：这三个标准在当前国际货币体系下都没能达到。现行的国际货币体系缺乏有效的全球调整纪律，使得一国可以长期积累大规模的失衡而不用承担调整压力（无论是盈余还是赤字）。（4）国际经济政策协调不充分。在现行国际货币体系下，各国政策协调合作变得很困难，各国央行都根据本国的经济情况独立地制定货币政策，各国可自由管理他们的资本账户并制定汇率制度，世界经济通过全球资本市场紧密相连的同时，各国经济政策的溢出效应也成倍增加。国际货币基金组织前总裁Michel Camdessus（2011）指出，由于缺乏有效的全球管理以及兼备合法性与有效性的决策组织，现行的国际货币体系无法确保经济和金融政策的制定具有一致性而且有助于维持全球稳定，亦无法提供处理领导人之间以及核心国际金融机构之间关系的正式框架，次贷危机后各国应对策略的冲突充分地印证。（5）全球金融监管不全面。尽管存在国家间的相互监督，但现行国际货币体系下全球金融监管的职责主要由国际货币基金组织（IMF）来承担。作为联合国所属货币金融组织，IMF由于其治理结构和制度安排方面的不合理，并未能充分代表成员国的权利，不仅缺乏系统的跨境金融监管体系，对美欧的金融风险扩张行为不具备监督和约束能力，而且在对发展中国家的援助上也百般刁难，没有发挥其成立之初所设定的"对成员国宏观经济实施连续监测、向出现国际收支问题的成员国提供短期融资安排"的目标职能。次贷危机的爆发使得各国学者对IMF存在合理性的质疑达到了顶峰，集中反映出它既不能代表新兴市场和发展中国家，也不能实施有效监管以影响较大会员国政策的重大缺陷。

二 国际货币体系的改革方向

关于未来国际货币体系的改革方向，在理论上的看法并不一致。25年前，库珀（Cooper，1984）就曾设想过到2010年的国际货币大同世界。但是，25年过去了，国际货币体系与库珀的设想相去甚远。

就国际货币体系的改革方向来说，理论上大体存在四类观点：第一，维持以美元为主导的现行国际货币体系。Subacchi 和 Driffill（2010）认为尽管现行国际货币体系存在许多不足，但也很难快速进行改革或取代它，原因在于各国提出的改革方案不令人满意并且存在很多政治上的分歧。任何对现行货币体系的改革和完善，包括多元化货币体系、特别提款权（special drawing right，以下简称SDR）改革等等都需要很长的一段时间。在此期间，确保旧体系的持续性非常关键。Cooper（2010）列举了用欧元、英镑、日元和人民币作为国际货币的各种问题，认为在短期内很难有现成的货币可以取代美元。美元的国际地位在今后十年，甚至十多年内都不会有本质变化；第二，构建包括人民币在内的多元化国际货币体系。Joseph（2010）认为，人民币向国际化货币发展有两个主要动因：一是现有美元与欧元的国际货币体系并不稳定，亟须一种非主权货币（SDR或亚元）或一种在经济实力上至少与美国匹配的主权货币来保持稳定；二是随着中国日益全球化，中国必须要利用人民币升值的现实和预期推动人民币国际化的进程。Jayakumar和Weiss（2010）认为，在即将来临的数十年中，包含美元、欧元、人民币的三极货币体系将会取代美元本位；第三，扩展现行的SDR体系。Coats（2011）主张采取多重措施扩大SDR的使用范围：扩大SDR发行；鼓励在国际贸易、大宗商品定价、投资和企业记账中使用SDR计价；鼓励私人部门在更多的场合以SDR作为合同和交易的定值单位；尽快推出替代账户；由IMF（国际货币基金组织）按照"SDR货币局规则"直接发行真实SDR货币充当国际储备货币，用商品篮子取代货币篮子组成SDR。他认为，发行真实

SDR货币将会缓解美元作为储备货币的压力，消除国际贸易中的汇率风险，全球流动性也会"逆周期"地自动趋于稳定；第四，构建超主权储备货币体系。Winkler（2010）认为，解决目前国际货币体系弊端的办法是引入超主权储备货币，其好处在于不仅能够在全球范围内管理流动性，还可以根据国际贸易平衡状况来把握对汇率波动的管理。Mundell（2011）认为，由于统一货币缺乏各国政府的一致支持，所以应该在强国之间首先共同建立一种货币。他提出建立一种类似欧元的新国际货币体系———"美欧元"（dollar-euro），该体系以美国和欧洲货币为基础，美元与欧元保持固定汇率不变，其他货币与"美欧元"挂钩。待其他经济发达国家汇率逐步稳定，也可以申请将其货币加入"美欧元"体系。

2008年，周小川曾提出了与库珀（1984）相似但又有区别的国际货币改革的构想，即建立超主权储备货币。他认为，超主权储备货币可以克服主权货币的缺陷，IMF的特别提款权具有超主权货币的特质，可以改革特别提款权，使之成为超主权储备货币，由IMF集中管理成员国的部分储备，有利于增强国际社会应对危机、维护国际货币金融体系稳定的职能。周小川提出超主权储备货币之后，立即引起了现行国际货币中心国家美国的强烈反应，乃至于美国总统奥巴马和财政部长盖特纳先后表示，现在不需要改革国际货币体系。但周小川提出的构想得到了其他一些"不成熟债权人"国家的积极响应。在2009年6月举行的"金砖四国"峰会期间，梅德维杰夫希望创建一种新的超主权货币，用于国际清算。建立超主权货币面临的最大难题，便是IMF以何种资产为各国的外汇储备提供存在形式。更何况，特别提款权设立的初衷就在于弥补美元作为储备货币（受黄金约束）供给的不足，维持布雷顿森林体系，牙买加会议也强调过增加SDR的储备功能。然而，特别提款权既没能挽救布雷顿森林体系，在牙买加体系三十多年的国际货币安排中，它也没有在官方储备管理中发挥任何有影响力的作用。因此，更多的看法是货币朝着多元化的方向发展，其理论上以蒙代尔（Mundell，2000）的"金融稳定性三岛"为代表，认为未来可能以货币联盟的方式向新的固定汇率制复归，欧洲、美洲和亚洲各自形成货币联盟。实践中以上述"金砖四国"的联合声明为代表。

要想改革现行不对称的国际货币体系，要么想办法约束中心国家美国的货币政策，要么考虑如何使美国参与到国际货币体系改革中来，现行的国际货币体系对美国是有利的，因此从自身利益出发美国不会愿意参加改革，就如同在历史的某个阶段超级大国英国的做法，后来由于英国实力衰落，在布雷顿森林会议上英国提议世界银行和世界货币，但时机已经不支持英国的做法了。没有美国参与国际货币体系改革，改革就是空话，而美国对其身有利的现行货币体系非常满意，没有意愿参与改革，因此，只有两种可能性会促使国际货币体系发生变革，从而推动国际货币体系的演进和变迁。一种情况是欧元崛起，亚元出现，三分天下，三大区域的经济实力旗鼓相当、权势均衡，各区域有相同重量的话语权，才能对等的谈判，划分各自的责任和权利，共同的协调管理和维护新的、对称的国际货币秩序，这是人们所期望的和平方式；另一种情况是战争改变格局，各国重新分配利益，改变美国"一枝独秀"的霸权地位，正如两次世界大战之后世界经济政治格局发生的巨大变化而促使国际货币体系相应发生的转变。

面对当前国际货币体系形势，我国当然会积极参与改革，因为该体系已经严重损害了我国的利益：集聚巨额外汇储备，没有能力完全冲销，货币政策独立性受损，国内发生通货膨胀。针对当前情况和国际形势，我国应制定短期和长期方案。短期方案是采取有管理的浮动汇率制并治理国内通货膨胀，因为短期内国际货币体系改革难度很大，一方面出现大规模危机而产生世界银行或者发生战争产生新霸权的可能性不大，另一方面被大加吹捧的"稳定三岛"的和平方式由于亚洲存在的种种问题可能性也很小，因此短期内还得采取汇率浮动和物价稳定的策略。长期方案是积极促成国际货币体系改革和采取固定汇率制，提升本国经济实力，催生世界银行和世界货币或者三大区的稳定。

三 国际货币体系改革的难点与重点

若将国际货币体系改革的各种观点付诸实践，会面临一些重点与难点问题，如果短期内能将这些问题突破，现行国际货币体系格局将会被打破，并向新格局迈出实质性的一步。总结这些重点难点问题，主要体现以下几个方面：

第一，对国际货币基金组织（IMF）进行改革。Truman（2011）认为，必须修改IMF章程中的相关内容，让IMF成为全球最后贷款人，强化其对成员国的援助和监管职能：（1）IMF对其成员国的贷款应该采用全面的资格预审方法；（2）赋予IMF在遭遇系统性危机时临时分配SDR的权利；（3）通过建立全球稳定机制，使IMF在某些条件下能够主动支援其成员国；（4）建立与IMF相连的全球央行货币互换网络，为遭遇系统性的流动性危机的私人金融机构提供帮助；（5）IMF可以私下向国际资本市场借款以扩充其资金来源；（6）在IMF和区域性组织之间建立合作框架，共同支持金融和监管活动。Sarkozy（2011）认为，IMF应该不仅要对成员国的经常账户，还要对成员国的资本账户作出监督，设立相应的规则。同时，需要在全球范围内扩大IMF的融资渠道，运用新的或更灵活的贷款工具。

第二，发挥G20作用，推进国际货币体系改革。Santor（2010）认为，采用有效和及时的汇率调整机制来灵活应对冲击是国际货币体系改革的一个新方向，而这需要G20国家的领导:通过启动"强劲、可持续、平衡增长框架"对政策行动的整体一致性进行共同评估，指导会员国的政策改革，为IMF、BIS、FSB的改革提供明确的方向和助其提高运行效率。Stiglitz（2011）认为，在应对此次金融危机的过程中，G20显示出了自身的有效性。随着危机最严重时期的过去，G20必须在国际货币体系改革中起到带头作用，确保SDR体系的迅速扩张，并促进全球经济持续、稳定地增长。

第三，对外汇储备供需结构进行改革。Cho（2010）认为，国际货币体系改革的重点有:一是从储备货币需求方进行改革，关键是降低新兴市场国家因自保动机和出口导向型战略带来的外汇储备增加，可以通过国际合作建立能够对面临暂时性资金危机的国家迅速提供资金的"全球金融安全网"；二是对储备货币供给方进行改革，重点在于如何使国际储备货币的供给多元化，包括建立多极货币体系、增加SDR的分配与更广泛使用以及对IMF进行改革。Gros，Alcidi，Brender和Pisani（2010）认为，很有可能未来十年内全球的外汇储备将会继续以较快的速度累积，全球储备系统的改革意味着对储蓄分配和外汇储备调剂中搜索对手方的机制进行改进，主攻方向在于如何使新兴市场经济体中过多的储蓄进行合理流动。

除以上问题之外，一些学者认为为实现国际货币体系新格局，还应该做好一些辅助措施。第一，加强区域货币合作。Edoardo（2011）认为对于国际货币体系改革而言，全球化和区域化是同等重要的趋势:一方面，欧洲和美国等主要经济体应该考虑通过固定汇率制度采用同种货币——

全球货币，该货币成为国际货币体系中最主要的"货币锚"并解决全球失衡和初级商品价格剧烈波动的问题；另一方面，发展中国家应该成立区域货币联盟——区域货币，能够减少对美国金融体系和美元的依赖程度，使汇率成为应对危机的减震器并同时解决宏观经济政策的时间不一致性和诚信问题。Woo（2010）认为，就国际货币体系改革的措施而言，当务之急是在亚洲进一步加强区域经济与货币合作，增强亚洲地区整体在国际货币体系中的话语权。以区域合作制衡美元霸权，进一步推动储备货币多元化的形成。他提议建立新的类似于欧洲货币基金的机构——亚洲金融机构（AFF）来取代IMF的职能，为亚洲区域构建防范金融风险的第一道防火墙。Benassy，Quere和Ferry（2010）认为，国际货币体系朝多极化的方向转换不是一朝一夕的事情，乐观的预计将在10年左右。加强区域货币合作，尤其是在亚洲地区，将有助于加速这个进程。在此过程中，世界主要经济体应该在汇率方面有更大的灵活性，而这需要将锚定政策（anchoring policies）区域化。第二，联合组建世界中央银行。Mundell（2010）认为，现在应该削减IMF的作用，国际货币体系改革的主要任务在于建立世界中央银行，让其处理全球货币问题，新的全球中央银行不应建立在IMF体系之上。Eichengreen（2010）认为IMF各成员国并不信任IMF能够担任全球央行的职责。Winkler（2011）认为对于国际货币体系改革而言，与全新的关键货币相比，最需要的是"世界中央银行"行使最终贷款人的职能。第三，成立货币清算联盟。Hudson（2010）认为凯恩斯的国际货币体系改革方案有助于解决现行国际货币体系的反发展特征，即需要建立一个制度化的按照规则运作的国际货币体系。在这个体系内，所有国际交易的清算都通过国际清算联盟（ICU）来进行，但联盟内部的国家在货币财政政策和资本流入控制方面保持一定的自主权。Pilkington（2011）在对国际储备货币的特征进行分析之后，从全新的角度阐述了货币流动与跨国生产之间的联系。认为在此次全球金融危机之后，可以通过重新采用凯恩斯提议的建立国际清算联盟的方式对现有国际货币体系进行改革。Hockett（2011）回顾了20世纪40年代初期凯恩斯提出的"国际清算联盟草案"，结合对近期发生的金融危机的分析，他提出应该设计建立一个符合凯恩斯理论和现实情况的全新国际清算同盟：（1）充分利用及合并BIS与IMF，促使SDR真正成为合法货币；（2）促使环球同业银行金融电讯协会（SWIFT）以及电汇自动清算系统继续发挥作用；（3）分阶段撤销外汇市场及欧洲美元市场，关闭离岸金融中心。

综上所述，大多数学者都集中在对IMF进行改革以及加强G20集团的作用这些金融机构改革方面，对金融危机爆发的核心问题——浮动汇率以及储备货币的单一性的解决方案研究甚少，且不够深入。今后应加强对于如何以多边的方式促进储备货币的多元化，以及在多元化的过程中又要如何避免产生新的危机等方面的研究。而对于辅助措施的研究，大多数学者的研究都着眼于加强国际货币合作、加强金融监管等治标不治本的短期措施，对于建立货币清算联盟、建立世界中央银行、建立超主权货币等中长期改革方案的研究不够深入、全面和具体。

四 我国的应对措施

以上关于国际货币体系改革的难点与重点分析，短期来看，各种观点的付诸实施都存在着巨大的制约因素，这将使漫长且艰难的过程。对于中国而言，更为实际的策略应该从自身出来，积极寻求可控的应对措施。目前，我国正在积极推进人民币的国际化，并已经做了多方面的尝试，包括人民币离岸市场的建设、国际货币合作与通过贸易与直接投资扩大人民币国际影响力等等。2009年中国人民银行先后同韩国、中国香港地区、马来西亚、白俄罗斯、印度尼西亚和阿根廷的货币部门签署了货币互换协议。2009年4月8日，国务院决定在上海市和广东省广州、深圳、珠海、东莞4城市开展跨境贸易人民币结算试点，在跨境贸易中发挥人民币的货币交易功能。同时我国正加快建设香港人民币离岸市场，促进人民币业务在香港的发展，为区域性的贸易投资服务。人民币走出去的渠道正不断增多，我国还积极推动人民币的对外投资业务，人民币走出去速度不断加快，同时人民币回流的渠道也将日益多样化，为发展人民币计价的国际板市场创造条件。具体来看，应做到以下几个方面：

第一，建设人民币离岸市场是增进人民币在国际金融市场吸引力的一个重要手段。所谓"离岸金融市场"是一个与本国的"正式"金融体系相隔离的金融市场，其中的金融交易可以不受本国法规的约束。因此人民币离岸市场就是一个与我国主体金融体系相对隔离的"金融特区"，其中人民币金融业务可以超越当前金融监管的约束。在人民币国际化的过程中，离岸金融中心与货币发行国金融体系相对隔离，交易灵活等特征正适合于在逐步放松资本管制的同时尽量规避风险的要求，有助于提高人民币对于金融投资者的吸引力。

第二，加强国际货币合作。在全球层次上，提高IMF中投票权，将人民币加入SDR货币篮子都是提高人民币国际影响力的重要手段。在区域层次上，合作主要体现在清迈协议框架下的货币互换安排上。虽然政府间的货币地做好规划和引导，金融集团发展速度要与实体经济发展需要相适应、与监管能力相匹配。有序发展专业特色显著、资本充足、治理科学、信息披露健全、风险隔离有效的金融集团。对于业务融合较浅、协同作用不佳、短期效应明显甚至扰乱市场秩序的金融集团，尤其是一些动机不纯、违规经营的地方性金融集团，可参照当前正在进行的各类交易所清理的做法，应当限制准入、强化监管，甚至有序市场退出，以扼制和防范可能发生的区域性风险。具体做法如下：（1）加强联动，协同合作。由于金融控股集团所从事的是综合性金融业务，有必要采取以对集团主体实施监管的部门牵头负责为主、其他相关监管部门联动配合为辅的监管制度，防范化解系统性金融风险，建立监管部门信息共享机制，协调各部门对金融控股集团的监管举措，在并表监管、危机处理等具体措施方面进一步达成共识，做到横向到边，纵向到底，形成配合网络，防止监管真空，真正建立健全金融集团监管协调机制。（2）完善预警，事先控制。一是引入风险预警机制，监管部门应从审慎经营和风险控制的角度在问题发生之前进行防范，定期从整体上对金融集团的经营状况和风险程度进行总体监控和系统性评估。二是监管部门应强化对业务创新的制度安排，加大对业务创新的事前研究，对业务创新的利弊作出相应的判断，增强对业务创新准入的前瞻性。（3）规范引导，强化治理。一是建立有效的公司治理模式。解决"一股独大"的历史遗留问题，减少行政干预或大股东控制对公司造成的影响，充分发挥"三会一层"的作用，重视独立董事、外部监事的作用。二是建立有效的风险管理体制。一方面要突出金融风险属性和审慎经营理念，督促金融集团建立风险预警机制，使用数量化分析工具客观评估集团风险；另一方面建立风险隔离机制，防止风险的无序传递与盲目扩散。三是建立科学合理的激励约束机制。一方面要加强人员培训，完善对企业经理层的激励机制，另一方面要完善企业经营者的监督机制。（4）加强保护，增加透明。一是要求金融集团重视发挥内外部审计作用，建立信息定期披露机制。金融集团应当定期以法定形式披露包含但不限于公司的股权结构和治理结构、内部交易状况、风险提示和风险评估报告、财务报表申报和公告。二是要求未受直接监管的金融集团控股公司及集团内子公司也要向监管部门定期报告相关信息，包括但不限于重大股权变动、控股新机构以及集团结构的变化等等，增强信息透明度，发挥市场约束作用，确保金融集团健康稳健运行。

国际货币体系改革是一场涉及国际政治、经济利益格局的深刻大变革，这不仅是一个学术问题、经济问题，更是主权问题、政治问题，是世界政治经济实力和权力利益长期博弈的结果。从短期看，美元将继续作为惟一核心货币支撑起单极体系；从中期看，美元、欧元、人民币等货币将有可能分别成为区域货币，同时逐步分担世界货币的责任；从长期看，国际货币体系将向多极化、有秩序、有竞争的缓慢演变发展，未来伴随着各个货币区建设的长足进步和IMF、G20集团等国际性金融机构作用的强化，具有内在约束力和外部协调性的多层次、多极化的国际货币金融体系将逐渐建立起来。

附　录

表A.1　GDP、CPI与PPI季度数据（2000.I–2011.III）

时间 （季度）	名义GDP （亿元）	CPI （%）	PPI （%）
2000.1	20647	0.1000	−1.8667
2000.2	23101.2	0.1000	−1.9000
2000.3	24339.3	0.2667	−1.3333
2000.4	31127.1	0.9333	−0.9000
2001.1	23299.5	0.6667	−1.0333
2001.2	25651.4	1.5667	0.0333
2001.3	26867.3	0.8000	−0.9000
2001.4	33837	−0.1333	−1.4333
2002.1	25375.7	−0.6000	−1.6333
2002.2	27965.3	−1.0667	−1.5667
2002.3	29715.7	−0.7667	−1.0667
2002.4	37276	−0.6333	−0.8000
2003.1	28861.8	0.5000	−0.2333
2003.2	31007.1	0.6667	−0.6000
2003.3	33460.4	0.8333	−0.7667
2003.4	42493.5	2.6667	1.2000
2004.1	33420.6	2.7667	1.4333
2004.2	36985.3	4.4000	3.3333
2004.3	39561.7	5.2667	4.3667
2004.4	49910.7	3.1667	2.2000
2005.1	39117	2.8333	1.5667
2005.2	42796	1.7333	0.5667

续表

时间 （季度）	名义GDP （亿元）	名义GDP （亿元）	PPI （％）
2005.3	44744	1.3333	0.3667
2005.4	58280	1.3667	0.6333
2006.1	45316	1.2000	0.5333
2006.2	50113	1.3667	0.9667
2006.3	51912.3	1.2667	0.9333
2006.4	68973.1	2.0333	1.6667
2007.1	54755.9	2.7333	2.0667
2007.2	61243	3.6000	2.6000
2007.3	64102.2	6.1000	4.8333
2007.4	85709.2	6.6333	5.6333
2008.1	66283.8	8.0333	7.3667
2008.2	74194	7.7667	7.5667
2008.3	76548.3	5.2667	5.8667
2008.4	97019.3	2.5333	2.9000
2009.1	69816.9	−0.6000	−0.8000
2009.2	78386.7	−1.5333	−2.0333
2009.3	83099.7	−1.2667	−2.0000
2009.4	109599.5	0.6667	0.0333
2010.1	82496.2	2.2000	2.2000
2010.2	92383	2.9333	2.8667
2010.3	97289.4	3.4667	2.9333
2010.4	129033.4	4.7000	4.2333
2011.1	96311.3	5.0667	4.2000
（季度）	108147.9	5.7333	5.1333
2011.3	116233.2	6.2667	6.0333

注：①数据来源：中经网《统计数据库—宏观月度库》；

②表中数据均为季度值。季度名义GDP=当季当年累计数—上季当年累计数，季度CPI为季度内各月度CPI的算术平均，季度PPI为季度内各月度PPI的算术平均。

表A.2　1994.1—1997.12人民币汇率影响因素线性回归估计结果

Variable	Coefficient	Std. Error	t-Statistic	Prob.
C	8.713267	0.115118	75.69004	0.0000
RESERVE	−5.19E−07	2.78E−07	−1.863039	0.0822
Inf_spread	0.003568	0.001881	1.896574	0.0773
Debt_US	−2.679636	0.643968	−4.161133	0.0008
FDI	0.012999	0.003670	3.542255	0.0030
INT_SPREAD	0.001805	0.002134	0.846071	0.4108
IND_SPREAD	0.000146	0.000737	0.197639	0.8460
Debt_China	1.76E−05	1.42E−05	1.234256	0.2361
R-squared	0.953524	Mean dependent var	8.302861	
Adjusted R-squared	0.931835	S.D. dependent var	0.014980	
S.E. of regression	0.003911	Akaike info criterion	−7.981815	
Sum squared resid	0.000229	Schwarz criterion	−7.586860	
Log likelihood	99.79087	F-statistic	43.96407	
Durbin-Watson stat	1.876952	Prob（F-statistic）	0.000000	

参考文献

1．艾洪德，郭凯：《一般均衡中的利率、确定性与最优规则》，《财经问题研究》，2008年第2期

2．艾洪德，郭凯：《完全时间一致性、确定性与稳健最优利率规则——基于LRE模型的分析与扩展》，科学出版社2011年版第25—77页

3．艾洪德，郭凯：《流动性过剩、利率期限结构与最优利率规则》，《财经问题研究》，2010年第5期

4．艾洪德，郭凯：《理性预期、完全时间一致性与最优利率规则——一个基于无穷远视角的分析》，《财经问题研究》，2007年第8期

5．卜永祥：《人民币汇率变动对国内物价水平的影响》，《金融研究》.2001年第3期

6．陈雨露、侯杰：《新开放经济宏观经济学：研究文献综述.南开经济研究》，2006年第2期

7．陈平、梅琳、鲜于波：《外汇市场复杂性与人工外汇市场研究》，《国际金融研究》，2010年第11期

8．陈帮能："《人民币有效汇率与我国外商直接投资的关系》，《金融教学与研究》，2011年第3期

9．多米尼克•萨尔瓦多：《欧元、美元和国际货币体系》，复旦大学出版社.2007年版第120—145页

10．范志勇、向弟海：《汇率和国际市场价格冲击对国内价格波动的

影响》，《金融研究》，2006年第2期

11. 冯涛、张蕾：2006年《宏观经济波动与人民币汇率政策的影响因素分析》，《当代经济科学》，2006年第11期

12. 格哈德·伊宁：《货币政策理论—博弈论方法导论》，社会科学文献出版社2002年版

13. 郭凯、孙音：《流动性过剩、最优利率规则与通胀目标制：对中国货币政策的检验与冲击响应分析》，中国社会科学出版社.2012年版.

14. 郭凯、孙音、艾洪德：2012年《基于资产期限结构的流动性过剩的内涵、测度与因子分析》，《金融研究》，2012年第1期

15. 高海红、陈晓莉：《汇率与经济增长：对亚洲经济体的检验》，《世界经济》，2005年第10期

16. 高海红：《实际汇率与经济增长：运用边限检验方法检验巴拉萨—萨缪尔森假说》，《世界经济》，2003年第7期

17. 郭庆平、王爱检：《汇率政策与利率政策协调机制研究》，中国金融出版社.2010年版

18. 高铁梅：《计量经济分析方法与建模：Eviews应用及实例》，清华大学出版社.2009版

19. 贺力平、范言慧、范小航：《美元汇率与美国国际收支平衡：变动的关系及初步解释》，《金融研究》，2006年第7期

20. 贺昌政、任佩瑜、俞海：《人民币汇率影响因素研究》，《管理世界》，2004年第5期

21. 胡援成：《我国汇率变动对财政收支影响的考察》，《当代财经》，1995年第12期

22. 靳玉英：《汇率决定理论的发展与前沿评述》，《上海财经大学

学报》，2006年第6期

23．金中夏：《中国汇率、利率与国际收支的互动关系：1981—1999》，《世界经济》，2000年第9期

24．李昊，王少平：《我国通货膨胀预期和通货膨胀粘性》，《统计研究》，2011年第1期

25．李增刚：《国际货币体系演变及现实困境的政治经济学分析》，《世界经济与政治》，2005年第4期.

26．李海海：《国际货币体系演进的新兴古典经济学分析》，第十二届资本论研讨会论文集2004年版.

27．李伟：《世界主要货币国际化进程：比较与借鉴》，《金融发展研究》，2003年第7期

28．刘斌：《最优货币政策规则的选择及在我国的应用》，《经济研究》，2003年第9期

29．刘沁清：《汇率变动、企业行为和内涵经济增长的再刻画》，《国际金融研究》，2007年第1期

30．刘兴华：《汇率制度选择》，经济管理出版社.2006年版

31．露西沃.萨诺、马克.P.泰勒：《汇率经济学》，西南财经大学出版社.2009年版

32．吕进中：《中国外汇制度变迁》，中国金融出版社

33．罗纳德.I.麦金农：《美元本位下的汇率——东亚高储蓄两难》，中国金融出版社.2008年版

34．劳伦斯.S.科普兰：《汇率与国际金融》，中国金融出版社.2007年版

35．雷超超：《人民币汇率影响因素探讨》，《财经界》，2007年版第3期

36．林发彬：《对人民币汇率和通货膨胀的思考》，《亚太经济》，

2007年第6期

　　37．林伯强：《人民币均衡实际汇率的估计与实际汇率错位的测算》，《经济研究》，2002年第12期

　　38．蒙代尔：《汇率与最优目标区》，《蒙代尔经济学文集第五卷》，中国金融出版社.2003年版

　　39．倪玉芳《汇率的影响因素》，《经济研究参考》，2003年第67期

　　40．牛筱颖《通货膨胀目标制研究与实践述评》，《经济评论》，2000年第2期

　　41．欧阳志刚，王世杰：《我国货币政策对通货膨胀与产出的非对称反应》，《经济研究》，2009年第9期

　　42．潘理权：《寡头垄断的国际货币体系与人民币国际化战略选择》，《经济问题探索》，2007年第1期

　　43．潘国陵：《货币主义汇率决定理论的数学不严密性》，《华东师范大学学报》，2000年第3期

　　44．秦宛顺：《人民币汇率水平的合理性——人民币的实际汇率与均衡汇率的偏离度分析》《数量经济技术经济研究》，2004年第7期

　　45．孙音：《人民币汇率影响因素分析》，《社会科学辑刊》，2010年第2期

　　46．孙音：《固定汇率制与通货膨胀目标制在我国的适用性分析》，《社会科学辑刊》，2008年第6期

　　47．孙音：《国际货币体系的演进及其原因——基于公共品纳什均衡供给的分析》，《学理论》，2008第3期

　　48．唐东波：《人民币汇率与通货膨胀率的动态关系研究》《经济科学》，2008年第4期

49．吴慧萍：《国际货币与货币国际化研究成果综论》，《现代财经》，2010年第7期

50．王煜：《中国的产出缺口与通货膨胀》，《数量经济技术经济研究》，2005年第1期

51．王爱俭：2003《论不同经济体制下利率与汇率的联动性》，《现代财经》，2003年第9期

52．吴丽华：《人民币实际汇率错位的经济效应实证研究》，《经济研究》2006年第7期

53．萧松华、王春月：《现行国际货币体系非均衡：基于博弈理论的解释》，《南方金融》，2005年第9期

54．许承明、唐国兴：《中国外汇储备非均衡对汇率影响的经验分析》，《世界经济》，2005年第4期

55．薛宏立：《浅析利率平价模型在中国的演变》，《财经研究》第2期

56．肖宏伟：《中国外汇储备规模与汇率关系的实证研究——基于人民币对国外主要币种汇率的分析》，《经济与管理》，2009年第7期

57．熊庆丽、章向东：《货币国际化的比较与借鉴》，《上海金融》，2011年第2期

58．熊鹏：《人民币利率对汇率影响的实证研究》，《财经论丛》，2005年第10期

59．谢平、罗雄：《泰勒规则及其在中国货币政策中的检验》，《经济研究》，2002年第3期

60．易纲：《人民币汇率的决定因素及走势分析》，《经济研究》，1992年第10期

61. 杨继生：《通胀预期、流动性过剩与中国通货膨胀的动态性质》，《经济研究》，2009年第1期

62. 杨长江、姜克波：《国际金融学》，高等教育出版社.

63. 杨荣、徐涛《中国外汇市场的微观结构》，《世界经济研究》，2009年第3期

64. 殷波：《中国经济的最优通货膨胀》《经济学季刊》，2011年第4期

65. 尹祖宁：《财政赤字扩张与人民币汇率超稳定探析》，《国际金融研究》，2005年第4期

66. 虞伟荣、胡海鸥：《石油价格冲击对美国和中国6实际汇率的影响》，《国际金融研究》，2004年第12期

67. 张成思：《中国通胀惯性特征与货币政策启示》，《经济研究》，2008年第2期

68. 张成思：《通货膨胀目标错配与管理研究》，《世界经济》，2011年第11期

69. 张维迎：《博弈论与信息经济学》，上海人民出版社.1996年版

70. 张宗新：《金融开放条件下利率改革和汇率改革的协同效应分析》，《国际金融研究》，2006年第9期

71. 张光平：《人民币产品创新》，中国金融出版社.2008版

72. 朱路、于李娜《有效汇率波动对国内价格的传递效应研究》，《世界经济研究》，2008年第6期

73. 曾芳琴：《外汇市场做市商定价行为研究-外汇市场微观结构理论综述》《中国货币市场》，2007年第11期

74. 赵进文、黄彦：《中国货币政策与通货膨胀关系的模型实证研

究》，《中国社会科学》，2006年第2期

75．赵进文、闵捷：《央行货币政策操作效果非对称性实证研究》，《经济研究》，2005年第2期

76．赵进文、闵捷：《央行货币政策操作政策拐点与开关函数的测定》，《经济研究》，2005第12期

1. Aliber R.Z., 1964, The Costs and Benefits of the U.S. Role as a Reserve Currency Country, Quarterly Journal of Economics Vol.79, pp.442-446

2. Alexis Anagnostopoulous, Omar Licandro and Italo Bove, 2007, An Evolutionary Theory of Inflation Inertia, *Journal of the European Economic Association*, Vol.5, No.2/3, pp.433-443

3. Akerlof, George A., William T. Dickens, and George L. Perry, The Macroeconomics of Low Inflation, *Brookings Papers on Economic Activity*, 1996, pp.1-76

4. Ammer John and Richard T. Freeman, 1995, Inflation Targeting in the 1990s: The Experiences of New Zealand, Canada, and the United Kingdom, *Journal of Economics and Business* Vol.47, pp.165-192

5. Amato, Jeffery D., and Thomas Laubach, Estimation and Control of an Optimization-Based Model with Sticky Wages and Prices, October 2001a.

6. Andersen, 1998, Persistency om Sticky Price Models, European Economic Review, Vol42, pp.593-603

7. Baxter M..1994, Real Exchange Rates and Real Interest Differentials:Have We Missed the Business-Cycle Relationship? *Journal of Monetary Economics*, Vol33, pp.5-37

8. Barro T.J. and Gordon D.B., 1983a, A Positive Theory of Monetary Policy in a Natural-rate Model, *Journal of Political Economy* , 91, No.4, pp.589-610

9. Bergsten, 1975, The Dilemmas of the Dollar:the Economics and Politics of United States International Monetary Policy, New York:New York

University Press.

10．Brinley，1975，The United Kindom and the World Monetary System, Heinemann Educational Books London.

11．Barro T.J. and Gordon D.B., 1983b, Rules, Discretion and Reputation in a Model of Monetary Policy, *Journal of Monetary Economics*, 12, No.1, pp.101-121

12．Bernanke B.S. and Mishkin Frederic, 1997, Inflation Targeting：A New Framework for Monetary Policy？*Journal of Economic Perspectives* Vol.11, pp.197 – 1161

13．Bernanke B.S. and Mark Gertler, 1999, "Monetary Policy and Asset Price Volatility[DB/OL]"，NBER Working Papers No.7559

14．Betts C.and M.B. Devereux, 1997, The International Monetary Transmission Mechanism：A Model of Real Exchange Rate Adjustment under Pricing-to-Market, University of British Columbia, mimeo.

15．Betts C.and M.B. Devereux, 1999, The International Effects of Monetary amd Fiscal Policy in a Two-Country Model, University of British Columbia, mimeo

16．Betts C.and M.B. Devereux, 2000, Exchange Rate Dynamics in a Model of Pricing-to-Market, Journal of International Economics, Vol.50, pp. 215-244

17．Bergin, 2001, Putting the "New Open Economy Macroeconomics" to a Test, University of California, Davis, mimeo.

18．Bill Dupor, 2001, Investment and Interest Rate Policy, Journal of Economic Theory Vol.98, pp.85-113

18．Benninga and Protopapadakis, 1988, The Equilibrium Pricing of Exchange Rates and Assets When Trade Takes Time, Journal of International Economics, Vol.7, pp.129-149

19．Calvo, and Guillermo A., 1983, Staggered Prices in a Utility Maximizing Framework, *Journal of Monetary Economics*, Vol.12, pp. 383-398

20．Cooper., 1984, Borrowing Aboard:The Debtor's Perspective, *NBER Working Paper* No. 1427

21．Cohen, 1971, The Future of Sterling As An International Currency, London:Macmillan.

22．Christiano L.J. and Gust C.J., 1999, Taylor Rules in a Limited Participation Model, *NBER Working Paper* No. 7017, January.

23．Clarida R., Gali J. and Gertler M., 1994, Sources of Real Exchange Rate Fluctuation:How Inportant Are Nominal Shocks?, Carnegie-Rochester Conference Series on Public Policy, Vol41, pp.1-56

24．Clarida R., Gali J. and Gertler M., 1997, Monetary Policy Rules in Practice：Some International Evidence , *NBER Working Paper No.6254.*

25．Clarida, R., J.Gali and M. Gertler, 1999, The Science of Monetary Policy：A New Keynesian Perspective, *Journal of Economics Literature*, Vol.37, pp.1661-1707

26．Clarida, R.and J.Prendergast, 2001, Fiscal Stance and the Real Exchange :some Empirical Evidence, *NBER Working Paper* No.7077

27．Chari, V. V., Christiano, Lawrence, and Kehoe, Patrick, Optimal Fiscal and Monetary Policy：some recent results, *Journal of Money Credit and Banking* 23, 1991, pp. 519-539

28. Chari, Kehoe and McGrattan, 1998, Monetary Shocks and Real Exchange Rates in Sticky Price Models of International Bussiness Cycles, Federal Reserve Bank of Minneapolis, mimeo.

29. Correia, Isabel and Pedro Teles, Is the Friedman rule optimal when money is an intermediate good?, *Journal of Monetary Economics* 38, October 1996, pp.223-244

30. Coibion, Olivier, Yuriy Gorodnichenko, and Johannes Wieland, 2010, Optimal Monetary Policy when Trend Inflation is Positive, manuscript.

31. Corsetti and Pesenti, 2001, Welfare and Macroecnomic Interdependence, Quarterly Journal of Economics, Vol.116, pp.421-445

32. Debelle G., Mason P., Savastano M., Sharma S., 1998, Inflation Targeting as a Framework for Monetary Policy, *IMF Working Paper*.

33. Dumas B., 1992, Dynamic Equilibrium and the Real Exchange Rate in Spatially Separated World, *Review of Financial Studies*, Vol5, pp.153-180

34. Dostey M., King R.G., 1983, Monetary Instruments and Policy Rules in a Rational Expectations Environment, *NBER Working Paper* No.1114, May.

35. Driskell R.A., 1981, Exchange Rate Dynamics: An Empirical Investigation, *Journal of Political Economy*, Vol.89, pp.357-371

36. Dominguez, 1998, Exchange Rate Efficiency and the Behavior of International Asset Markets, unpublish PH.D. thesis, Yale University.

37. De Grauwe, Dewachter and Embrechts, 1993, Exchange Rate Theory:Chaotic Models of Foreign Exchange Markets, Oxford:Blackwell.

38. Dwyer Jr., 2002, International Money and Common Currencies in Historical Perspectives, Working Paper Series, pp.1-26

40. Eichengreen, Barry, 1998, The Euro as a Reserve Currency, Journal of the Japanese and International Economics, Vol.12, pp.483-506

41. Eichengreen, Barry, 1996, The SDR Reserve Currencies and the Future of International Monetary System In Light of Changes In the International Financial System, International Monetary Fund.

42. Eichengreen, Barry, 1999, Hegemonic Stability Theories of the International Monetary System, International Political Economy:Perspective On Global Power and Wealth, 4th.Ed., *Peking University Press*, pp.220-244

43. Eichenbaum, M., 1992, Comments:" Interpreting the Macroeconomic Time Series Facts: The Effects of Monetary Policy' by Christopher Sims, *European Economic Review* Vol 36, 1001-1011

44. Eggertsson, Gauti and Michael Woodford, 2004, Policy Options in a Liquidity Trap, *American Economic Review* Vol.94（2）, pp.76-79.

45. Edsion H.J.and B.D.Pauls, 1993, A Re-assessment of the Relationship between Real Exchange Rates and Real Interest Rates:1974-1990, *Journal of Monetary Economics* , Vol.31, pp.165-187

46. Evans and Lyons, 1999, Order Flow and Exchange Rate Dynamics, Working Paper No.7317.

47. Eric Schaling, 2004, The non-linear Phillips curve and inflation forecast targeting, *Journal of Money*, Credit, and Banking, Vol.36.

48. Engel and Rogers, 1996, How Wide Is the Border?, *American Economic Review*, Vol.86, pp.1112-1125

49. Feenstra R.C., 1995, Exact Hedonic Price Indexes, Review of Economics and Statistics, Vol.77, pp.634-653

50. Feenstra R.C. and J.D.Kendall, 1997, Pass-Through of Exchange Rates and Purchasing Power Parity, *Journal of International Economics*, Vol.43, pp.237-261

51. Frankel J.A., 1979, On the Mark:A Theory of Floating Exchange Rates Based on Real Interest Differentials, American Economic Review, Vlo.69, pp.610-622

52. Frankel J.A., 1982, The Mystery of Multiplying Marks:A Modification of the Monetary Model, Review of Economics and Statistics, 64:515-519

53. Frankel J.A., 1984, Tests of Monetary and Portfolio Balance Models of Exchange Rate Determination, in J.F.O.Bilson and R.C. Marston（eds.）, Exchange Rate Theory and Practice, National Bureau of Economic Research Conference Report, Chicago:University of Chicago Press, pp.239-260

54. Friedman, Milton, 1969. *The Optimum Quantity of Money,* Macmillan.

55. Gali, J. and Gertler, M., 2000, Inflation Dynamics: A Structural Econometric Analysis, *NBER Working Paper* 7551, February.

56. Giannoni, Marc P. and Woodford, M., 2003a, Optimal Interest Rate Rules: General Theory, *NBER Working Paper* No. 9419, January.

57. Giannoni, Marc P. and Woodford, M., 2003b, Optimal Interest Rate Rules: Applications, *NBER Working Paper* No. 9420, January.

58. Hooper and Morton, 1982, Fluctuations inde Dollar: A Model of Nominal and Real Exchange Rate Determination, Journal of International Money and Finance, Vol.1pp.39-57

59. Hartmann P., The International Role of Euro, Journal of Policy

Modeling, 24.

60. Heller and Khan, 1978, The Demand for International Reserves under Fixed and Floating Exchange Rates, *Staff Papers - International Monetary Fund*, Vol25（4）, pp.623-649

61. Jorge Canales-Kriljenko and Karl Habermeier, 2004, Structural Factors Affecting Exchnage Rate Volatility:A Cross-Section Study, *IMF Working Paper*, WP/04/147, August 2004

62. Joseph, 2010, Risk and Global Economic Architecture:Why Full Financial Integration May Be Undesirable, NBER Working Paper No.15718

63. Kollman, 1997, The Exchange Rate in a Dynamic-Optimizing Current Account Model with Nominal Rigidities:A Quantitative Investigation, Working Paper WP/97/07, International Monetary Fund.

64. Kenen, 2008, Regional Monetary Integration, Cambridge University Press, Cambridge and New York.

65. Keen, B.D., 2007, Sticky Price and Sticky Information Price-Setting Models：What is the Difference? Economic Inquiry, Vol.45, No.4, pp.770-786.

66. Ketil Hviding, Michael Nowak, and Luca Antonio Ricci, 2004, Can Higner Reserves Help Reduce Exchange Rate Volatility, IMF Working Paper, October

67. Kimbrough, Kent P., The Optimum Quantity of Money Rule in the Theory of Public Finance, *Journal of Monetary Economics* 18, 1986, pp.277-284

68. Krugman, 1989, Exchange Rate Instability, Cambridge, Mass, MIT Press.

69. Lucas R.E., 1972, Expectations and the Neutrality of Money, *Journal of Economic Theory*, Vol.4, pp.103-124.

70. Lucas R.E., 1976, Economeric Policy Evaluation: A Critique, *Carnegie-Rochester Conference Series on Public Policy*, Vol.1, pp.19-46.

71. Lucas R.E., 1990, Liquidity and Interest Rate, *Journal of Economic Theory*, Vol.50, pp.237-264.

72. Lane, 1997, Inflation in Open Economies, Journao of International Economics, Vol42, pp.327-347

73. Laurence Ball, 1993, The Dynamics of High Inflation, *NBER Working Paper* No.4578

74. Laurence Ball and Sandeep Mazumder, 2011, Inflation Dynamics and The Great Recession, *NBER Working Paper* No.17044

75. Lastrapes, 1992, Sources of Fluctuations in Real and Nominal Exchange Rates, Review of Economics and Statistics, Vol74, pp.530-539

76. Lyons R.K., 1995, Tests of Microstructural Hypotheses in the Foreign Exchnage Market, Journal of Financial Economics, Vol39, pp.321-351

77. Levin A., Wieland V., Williams J., 2001, The Performance of forecasted-based Monetary Policy rules under Model uncertainty, Board of Governors of the Federal Reserve, Finance and Economics Discuss Series 2001-39

78. Michael Parkin, 1976, Comment on M.Mussa, "The Exchange Rate, the Balance of Payments and Monetary and Fiscal Policy under a Regime of Controller Floating", *The Scandinavian Journal of Economics*, Vol.78, No.2, Proceedings of a Conference on Flexible Exchange Rates and Stabilization Policy, pp.249-254

79. Meese R.A.and K.Rogoff, 1983, Empirical Exchange Rate Models of the Seventies: Do They Fit Out of Sample?, *Journal of International Economics*, Vol.14, pp.3-24

80. Meese R.A.and K.Rogoff, 1995, Was It Real? The Exchange Rate −Interest Differential Relation over the Modern Floating-Rate Period, Journal of Finance, Vol.43, pp.933-948

81. Mishkin Frederic S., and Adam S.Posen, 1997, Inflation Targeting: Lessons from Four Countries, *Economic Policy Review*, Vol.3, pp.9-110

82. Mishkin Frederic, 2004, Can Inflation Targeting Work in Emerging Market Countries?, *NBER Working Paper* No.10646

83. Olivier Coibion, Yuriy Gorodnichenko and Johannes F.Wieland, 2010, The Optimal Inflation Rate In The New Keynesian Models, *NBER Working Paper* No.16093

84. Obsfeld and Rogoff, 1996, Exchange Rate Dynamics Redux, *NBER Working Paper* No.5191

85. Obsfeld and Rogoff, 1998, Risk and Exchange Rates, *NBER Working Paper* No.6694

86. Obsfeld and Rogoff, 2000, New Directions for Stochastic Open Economy Models, Journal of International Economics, Vol.50, pp.117-153

87. Ohanian and Stockman, 1997, Arbitrage Costs and Exchange Rates, Discussion Paper, Department of Economics, University of Rochester.

88. Phelps, Edmund S., Inflation in the Theory of Public Finance, *The Swedish Journal of Economics.* 75, March, 1973, pp.67-82

89. Rotemberg J.J. and Woodford M., 1998, An Optimization-Based

Econometric Framework for the Evaluation of Monetary Policy: Expanded Version, NBER Technical Working Paper No. 0233, May.

90. Ronald I.Mckinon, 1993, The Rules of Game:International Money and Exchange Rate , *Journal of Economic Literature*, Vol.31, Issue1

91. Rotemberg J.J. and Woodford M., 1998, Interest Rate Rules in An Estimated Sticky Price Model, *NBER Working Paper* No. 6618, June

92. Senay O., 1998, The Effects of Goods and Financial Market Integration on Macroeconomic Volatility, *Manchester School*, Supplement, Vol.66, pp.39-61

93. Sercu and Uppal, 1995, The Exchange Rate in the Presence of Transactions Costs:Implications for Tests of Purchasing Power Parity, Journal of Finance, Vol.50, pp.1309-1319

94. Sbordone, A., 2002, Price and Unit Labor Costs: A New Test of Price Stickiness, *Journal of Monetary Economics*, Vol.49, No.2, pp.265-292

95. Scheibe, J. and D. Vines, 2005, A Phillips Curve For China, CAMA Working Paper, February.

96. Stephanie Schmitt-Grohe and Martin Uribe, 2010, The Optimal Rate of Inflation, *NBER Working Paper* No.16054

97. Svensson, Lars E.O., 2005, Optimal Inflation Targeting: Further Developments of Inflation Targeting, *NBER Working Paper*, October.

98. Schmitt-Groh´e, Stephanie and Mart´ın Uribe, 2006, Optimal Fiscal and Monetary Policy in a Medium-Scale Macroeconomic Model, in Gertler, Mark and Kenneth Rogoff, eds., NBER Macroeconomics Annual 2005, Cambridge and London: MIT Press, pp.383-425

99. Schmitt-Groh´e, Stephanie and Mart´ın Uribe, 2009a, Foreign

Demand for Domestic Currency and the Optimal Rate of Inflation, NBER working paper No.15494.

100. Schmitt-Groh´e, Stephanie and Mart´ın Uribe, 2009b, On Quality Bias and Inflation Targets, " NBER working paper No.15505.

101. Schmitt-Groh´e, Stephanie and Mart´ın Uribe, 2009c, Computing Ramsey Equilibria in Medium-Scale Macroeconomic Models, " mimeo Columbia University

102. Sutherland A., 1996, Financial Marker Integratyion and Macroeconomic Volatility, *Scandinavian Journal of Economics*, Vol.98.521-539

103. Svensson , L.E.O., 1997, Inflation Forecast Targeting Implementing and Monitoring Inflation Targets, *European Economic Review*, Vol41, pp.1111-1461

104. Taylor J.B., 1980, Aggregate Dynamics and Staggered Contracts. Journal of Political Economy , Vol.88, pp.1-23

105. Taylor J.B., 1993a, Macroeconomic Policy in a World Economy, *Econometric Design to Practical Application.*

106. Taylor J.B., 1993b, Discretion Versus Policy Rules in Practice, *Carnegie Rochester Conference Series on Public Policy*, Vol39, pp.195-214

107. Taylor J.B., 1995, The Economics of Exchange Rates , *Journal of Economic Literature*, Vol.33, pp.13-47

108. Taylor J.B., 1998, Staggered Price and Wage Setting in Macroeconomics, NBER Working Paper No. 6754, October

109. Taylor J.B.2001, Is Official Exchange Rate Intervention Effective ?University of Warwick, mimeo

110. Taylor J.B., D.A.Peel and L.Sarno, 2001, Nonlinear Mean-Reversion

in Real Exchange Rate Fundamentals, *Journal of International Money and Finance*, Vol.19:33-53

111. Taylor J.B. and L.Sarno, 2001, Effective Market, Purchasing Power Parity and the Behaviour of the Real Exchange Rate:Resolving the Conundrum, University of Warkwick, mimeo.

112. Walsh, C.E., 1998, Monetary Theory and Policy, Cambridge MA, MIT Press.

113. Williams, John C., 2009. Heeding Deadalus: Optimal Inflation and the Zero Bound, *Brookings Papers on Economic Activity* 2009（2）, pp.1-37

114. Woodford, M., 2003, Interest and Prices: Foundations of a Theory of Monetary Policy, Princeton University Press.

115. Woodford M., 1996, Control of Public Debt: A Requirement for Price Stability, *NBER Working Paper* No. 5684, July

116. Woodford M., 1997, Doing without Money: Control Inflation in a Post-Monetary World, *NBER Working Paper* No. 6188, September

责任编辑:高晓璐
封面设计:艺和天下

图书在版编目(CIP)数据

货币稳定:理论模型与实证研究/孙音 著. -北京:人民出版社,2013.5
ISBN 978-7-01-012011-9

Ⅰ.①货… Ⅱ.①孙… Ⅲ.①货币理论-研究 Ⅳ.①F820

中国版本图书馆 CIP 数据核字(2013)第 085592 号

货币稳定:理论模型与实证研究
HUOBI WENDING LILUN MOXING YU SHIZHENG YANJIU

孙 音 著

人民出版社 出版发行
(100706 北京市东城区隆福寺街99号)

三河市金泰源印装厂印刷 新华书店经销

2013 年 5 月第 1 版 2013 年 5 月北京第 1 次印刷
开本:710 毫米×1000 毫米 1/16 印张:12.5
字数:151 千字

ISBN 978-7-01-012011-9 定价:29.80 元

邮购地址 100706 北京市东城区隆福寺街 99 号
人民东方图书销售中心 电话 (010)65250042 65289539